Gwasg Prifysgol Cymru

Gwasg Prifysgol Cymru
Y Degawdau Cynnar (1922–1953)

Llion Wigley

Gwasg Prifysgol Cymru
2022

Hawlfraint © Llion Wigley, 2022

Cedwir pob hawl. Ni cheir atgynhyrchu unrhyw ran o'r cyhoeddiad hwn na'i gadw mewn cyfundrefn adferadwy na'i drosglwyddo mewn unrhyw ddull na thrwy unrhyw gyfrwng electronig, mecanyddol, ffotogopïo, recordio, nac fel arall, heb ganiatâd ymlaen llaw gan Wasg Prifysgol Cymru, Cofrestrfa'r Brifysgol, Rhodfa'r Brenin Edward VII, Caerdydd CF10 3NS

www.gwasgprifysgolcymru.org

Mae cofnod catalogio'r gyfrol hon ar gael gan y Llyfrgell Brydeinig.

ISBN   978-1-83772-017-0
e-ISBN   978-1-83772-018-7

Datganwyd gan Llion Wigley ei hawl foesol i'w gydnabod yn awdur ar y gwaith hwn yn unol ag adrannau 77 a 78 Deddf Hawlfraint, Dyluniadau a Phatentau 1988.

Cysodwyd gan Eira Fenn Gaunt, Pentyrch, Cymru
Argraffwyd gan CPI Antony Rowe, Melksham, Y Deyrnas Gyfunol

*I Mam, Esyllt a Gwenllian, ac er cof annwyl
am Christine Fieodorczuk (1960–2021)*

Rhagair yr Is-Ganghellor

Rwy'n falch iawn i gyflwyno'r cofnod hwn o ddegawdau cynnar Gwasg Prifysgol Cymru wrth ddathlu canmlwyddiant sefydliad mor hanfodol i'n cenedl.

Sefydlwyd y Wasg ym 1922 gan Brifysgol Cymru, a hynny i greu cartref o'r safon uchaf ar gyfer cyhoeddi ymchwil yn deillio o, ac yn ymwneud â, Chymru – sef yr hyn a elwir Astudiaethau Cymreig heddiw – yn ei dwy iaith genedlaethol, y Gymraeg a'r Saesneg. Ni fu'r cyfle hwn ar gael yn eang i ymchwilwyr, yn arbennig yn yr iaith Gymraeg, cyn sefydlu'r Wasg.

Crëwyd yr ased genedlaethol hon gan sylfaenwyr y Wasg i wasanaethu Cymru, ac i ledaenu ymchwil ledled y genedl a'r byd. O dan arweiniad ei chyfarwyddwr presennol, a gyda chefnogaeth Prifysgol Cymru Y Drindod Dewi Sant, mae'r Wasg yn parhau i gyflawni ei egwyddorion gwreiddiol heddiw.

Rwy'n ddiolchgar i Dr Llion Wigley, Uwch Olygydd Comisiynu y Wasg, am ei ymchwil manwl drwy'r archifau i greu cofnod o'r blynyddoedd cynnar, ac o'r ffactorau gwleidyddol ac addysgiadol a gyfrannodd at ei ddatblygiad cynnar.

Hoffwn ddiolch i gydweithwyr y presennol a'r gorffennol, i'r awduron ac i bawb sydd wedi cyfrannu at fri academaidd rhyngwladol y Wasg heddiw. Wrth i ni ddathlu'r canmlwydd, a chan gydnabod dylanwad y Wasg ar Gymru ac ar ymchwil Gymreig yn ystod ei chanrif gyntaf, edrychwn ymlaen yn eiddgar at yr hyn a gaiff ei gyflawni yn ystod y ganrif nesaf.

Yr Athro Medwin Hughes, DL
Is-Ganghellor Prifysgol Cymru Y Drindod Dewi Sant

Gwasg Prifysgol Cymru:
Y Degawdau Cynnar (1922–1953)

Sefydlwyd Gwasg Prifysgol Cymru ganrif yn ôl ym 1922, yn rhannol er mwyn adeiladu pont rhwng y Brifysgol a'r cyhoedd yng Nghymru. Bwriad y llyfr hwn yw rhoi trosolwg o ddegawdau cynnar y Wasg, o'r blynyddoedd a arweiniodd at ei sefydlu hyd at ddechrau'r 1950au. Dyma gyfnod o ychydig dros chwarter canrif a welodd lwyddiant aruthrol ar ran y Bwrdd a'i rheolai a'i hawduron i ymestyn y ddarpariaeth o gyhoeddiadau academaidd ac ysgolheigaidd yn y Gymraeg, a hefyd i ddod â nifer o glasuron llenyddol a hanesyddol y diwylliant Cymraeg o fewn gafael darllenwyr cyffredin. Defnyddir archifau'r Wasg fel sail ar gyfer y drafodaeth isod, gan gynnwys llyfrau cofnodion ac adroddiadau blynyddol Bwrdd y Wasg, sy'n rhoi darlun clir a manwl o'r modd y datblygodd ei waith rhwng y rhyfelodd byd yn arbennig. Mae sefydlu'r Wasg a'i blynyddoedd cynnar yn rhan bwysig hefyd o hanes diwylliannol Cymru yn hanner gyntaf yr ugeinfed ganrif, a cheisir amlygu natur a maint ei chyfraniad yn y drafodaeth isod.

Ymhlith y rhesymau dros sefydlu gwasg prifysgol Gymreig, roedd pump o brif amcanion. Y cyntaf oedd i adeiladu pont rhwng colegau Prifysgol Cymru a'r cyhoedd. Yr ail oedd er mwyn annog ymchwilwyr a darlithwyr y Brifysgol i gyhoeddi eu gwaith a chael llwyfan ar ei gyfer, a thrwy hynny i feithrin eu hyder a datblygu eu hysgolheictod. Cyhoeddi gweithiau llenyddol a hanesyddol arwyddocaol Cymraeg nad oedd ar gael yn gyffredinol cyn hynny oedd y trydydd o'r amcanion, megis hen lawysgrifau o'r Oesoedd Canol a fu mewn dwylo preifat am ganrifoedd. Byddai'r gweithiau hynny yn rhan o wireddu'r pedwerydd o'r amcanion, sef i ddarparu adnoddau o safon i golegau'r brifysgol, dosbarthiadau allanol ac ysgolion. Yr olaf ac efallai'r pwysicaf o'r cymhellion a yrrodd sefydlu'r Wasg oedd cymryd cyhoeddi academaidd allan o ddwylo masnachol yn unig, ac i'w safoni yn y broses.

Yn y cyfnod rhwng sefydlu Prifysgol Cymru'n ffurfiol ym 1893 a chyfarfod cyntaf Bwrdd y Wasg ym 1922, argraffwyd cyfres o gyfrolau ar ran Urdd Graddedigion y Brifysgol gan Jarvis & Foster, cyhoeddwr preifat ym Mangor. Roedd argraffiadau newydd o rai o brif weithiau'r traddodiad llenyddol Cymraeg ymhlith y llyfrau hynny, gan gynnwys dwy gyfrol o weithiau Morgan Llwyd (1899); y llyfr cyntaf i'w argraffu yn y Gymraeg, ym 1546, sef *Yny lhyvyr hwnn* (1902); *Drych y Prif Oesoedd* (1902) gan yr hanesydd Theophilus Evans; *Patrwm y Gwir Gristion* (1908); a llawysgrifau cynnar o gasgliadau Llansteffan a Pheniarth.[1] Yn dilyn argymhellion Comisiwn Haldane ym 1918, sefydlwyd y Bwrdd Gwybodau Celtaidd a Bwrdd y Wasg i gymryd awenau holl waith cyhoeddi Urdd y Graddedigion.

Dylid nodi nad Gwasg Prifysgol Cymru yn unig a gyhoeddai weithiau academaidd yn y Gymraeg rhwng y rhyfeloedd byd, gan i gyhoeddwyr fel Hughes a'i Fab yn Wrecsam, Gwasg y Brython yn Lerpwl, a chwmni Foyle's yn Llundain ryddhau cyfrolau pwysig fel *Williams Pantycelyn* gan Saunders Lewis a llyfrau arloesol D. Miall Edwards ym maes diwinyddiaeth ac athroniaeth grefyddol.[2] Ond Gwasg Prifysgol Cymru oedd yr unig gyhoeddwr Cymreig a sefydlwyd yn benodol i wneud hyn fel rhan o genhadaeth genedlaethol y sefydliad yr oedd yn rhan ohono.

Adroddiad Haldane a Sefydlu'r Wasg

Cyn manylu ar y llyfrau a gyhoeddodd y Wasg yn ei blynyddoedd cynnar, rhaid amlinellu sut y daeth i fodolaeth ar ddechrau'r 1920au a pham. Rhan o adfywiad cenedlaethol sydd â'i wreiddiau yn niwedd Oes Fictoria a dechrau'r ugeinfed ganrif oedd sefydlu'r Wasg, ymhlith nifer o sefydliadau cenedlaethol pwysig eraill, megis y Llyfrgell Genedlaethol a'r Amgueddfa Genedlaethol. Cawn flas o'r adfywiad hwn yn atgofion yr academydd Stephen J. Williams o'i flynyddoedd fel myfyriwr: 'Blynyddoedd cyffrous anarferol oedd 1920 a 1921 i Gymry Cymraeg colegau'r Brifysgol. Tybed a brofwyd cymaint o afiaith gan y cenedlaethau a ddilynodd y genhedlaeth gyntaf wedi'r rhyfel mawr cyntaf? Dyma gyfnod o ddarganfod o'r newydd ogoniannau gorffennol bywyd y genedl ac o fagu ffydd newydd yn ei dyfodol hi.'³ Roedd annog cydweithrediad rhwng sefydliadau newydd fel y Llyfrgell Genedlaethol a'r Brifysgol i rannu ffrwyth eu llafur gyda'r cyhoedd ehangach yn rhan o'r argymhellion a arweiniodd at sefydlu'r Wasg. Ceir yr argymhellion hyn yn Adroddiad Comisiwn Haldane a gyhoeddwyd ym 1918. Un o gasgliadau'r Adroddiad oedd yr awgrym canlynol, sy'n amlygu'r amcanion deublyg oedd wrth wraidd sefydlu'r Wasg:

> We will conclude this Part (Part III) of our Report by recommending the establishment of a new element in Welsh University Organisation which would, we think, serve as a strong link between the University and the Welsh people, and would also give new opportunities and much-needed encouragement to students and researchers both within and without the University. We mean the establishment of a University Press...⁴

Bwriedir y Wasg o'r cychwyn, felly, i fod yn ddolen gyswllt rhwng y Brifysgol a'r cyhoedd, ac yn fodd i'w staff gyhoeddi ffrwyth eu hymchwil ym meysydd y Gymraeg ac Astudiaethau Celtaidd yn arbennig.

Cyfeiriwyd yn yr adroddiad hefyd at roi 'practical help to intellectual workers outside the University' fel rhan o genhadaeth y Wasg, a dros y ddau ddegawd nesaf aeth ymlaen i gyhoeddi llyfrau amrywiol a ddefnyddiwyd yn helaeth yn nosbarthiadau efrydiau allanol y Brifysgol a rhai Cymdeithas Addysg y Gweithwyr, fel y gwelwn. Ffrwyth comisiwn brenhinol a sefydlwyd ym 1916 er mwyn archwilio cyflwr addysg brifysgol yng Nghymru yn gyffredinol oedd Adroddiad Comisiwn Haldane. Cydnabu'r adroddiad y byddai angen cefnogaeth ariannol sylweddol am gyfnod hirdymor ar y wasg newydd i ariannu ei chyhoeddiadau, ac argymhellwyd y dylai'r Brifysgol ei hun ddarparu'r gefnogaeth honno. Ffurfiodd saith ffigwr blaenllaw o'r byd academaidd y panel a gadeiriodd yr Arglwydd Haldane, gan gynnwys Cymry amlwg fel Syr O. M. Edwards a'r athronydd Syr Henry Jones, ac 'un ferch', sef Emily Penrose, Pennaeth Coleg Somerville, Rhydychen, yn ôl T. H. Parry-Williams. Cofiai Syr Henry yn ymweld â'i adran yn Aberystwyth i gael barn y staff pan oedd yn 'lefnyn anaeddfed o Ddarlithydd Cynorthwyol Dros-dro'.[5] Yn dilyn ymweliadau o'r fath, bu i'r panel baratoi adroddiad hirfaith a manwl â chyfres o argymhellion o'i fewn ynglŷn ag Astudiaethau Celtaidd, a oedd ym marn Parry-Williams yn 'anghyffredin o ddiddorol'. Yn ei atgofion o'i ymwneud â Bwrdd y Wasg dros gyfnod o ddeugain mlynedd, cyfeiriodd at yr awgrym cyffredinol y dylid rhoi mwy o sylw i lenyddiaeth a hanes llenyddiaeth yng ngwaith y Brifysgol, a llai ar ieitheg a gramadeg yn unig. Un o'r prif argymhellion oedd sefydlu Bwrdd Gwybodau Celtaidd, a gwireddwyd yr awgrym hwnnw'n sydyn, gyda'r cyfarfod cyntaf yn cael ei gynnal ym 1919.[6] Penderfynodd Llys y Brifysgol yn swyddogol i ffurfio Bwrdd y Wasg mewn cyfarfod a gynhaliwyd yn Abertawe ym mis Tachwedd 1921, a chynhaliwyd y cyfarfod cyntaf o'r Bwrdd yn swyddfa'r Brifysgol ar Sgwâr Russell, Llundain, ar y 6ed o Ionawr y flwyddyn ganlynol.

Cyfarfodydd Cyntaf Bwrdd y Wasg

Cadeirydd cyntaf y Bwrdd oedd Syr John Ballinger, llyfrgellydd gwreiddiol Llyfrgell Genedlaethol Cymru, a'r aelodau eraill a ddaeth at ei gilydd yn Llundain oedd Dirprwy-Ganghellor Prifysgol Cymru Yr Arglwydd Kenyon, Yr Is-Ganghellor A. H. Trow, a'r ysgolheigion J. H. Davies, W. J. Gruffydd, Syr John Morris-Jones a T. Franklin Sibly.[7] Jenkin James oedd ysgrifennydd cyntaf y Bwrdd, a bu'n dal y swydd allweddol hon am gyfnod o dros ugain mlynedd. Trosglwyddwyd y cyhoeddiadau y bu Urdd y Graddedigion yn gyfrifol amdanynt yn ffurfiol i Fwrdd y Wasg yn y cyfarfod cyntaf hwn, a phenderfynwyd mai Cofrestrfa'r Brifysgol ym Mharc Cathays fyddai ei swyddfa gyhoeddi.[8] Yn y cyfarfod nesaf yn Chwefror 1922, ffurfiwyd is-bwyllgor o'r Arglwydd Kenyon a Syr John Morris-Jones i ystyried ymhellach y posibilrwydd o gynllunio gwasgnod addas.⁹ Seiliodd John Morris-Jones ei gynllun, a ddefnyddir hyd heddiw, ar arfbais pedwar llew Tywysogaeth Cymru o 1267. Yn ystod ail gyfarfod y Bwrdd, derbyniwyd argymhellion o Senedd Coleg y Brifysgol yn Aberystwyth a gyfeiriai at y diffyg llyfrau testun addas ar gyfer nifer o'r pynciau a ddysgwyd yno, a'r angen i'r Bwrdd gymryd cyfrifoldeb dros eu darparu. Cawn awgrym clir o ba mor eang y gobeithiai'r Bwrdd i gynulleidfa'r llyfrau fod yn y rhestr o sefydliadau y penderfynwyd eu gwahodd i gynnig awgrymiadau o ran ei raglen gyhoeddi. Yn eu plith roedd seneddau gwahanol golegau'r Brifysgol, Mudiad yr Ysgolion Sir, yr Eisteddfod Genedlaethol a Chymdeithas Alawon Gwerin Cymru. Lluniwyd memorandwm ffurfiol ynglŷn â phwerau a chyfrifoldebau'r Bwrdd yn dilyn trafodaeth yn y ddau gyfarfod cyntaf. Cyfeirir at bwysigrwydd dosbarthu cyhoeddiadau'r Bwrdd yn effeithiol yn y memorandwm hwn, gan gynnwys penodi asiant yn Llundain, sef Humphrey Milford, a sicrhau cydweithrediad llyfrwerthwyr yn nhrefi colegau'r Brifysgol yng Nghymru. Roedd sicrhau'r safonau uchaf posib yn flaenoriaeth i'r Bwrdd o'r cychwyn:

> One of the chief aims of the Board should be to keep the standard of its books as high as possible in regard to printing, illustrations, binding and other accessories. The influence of a well-produced book is worthy of study. Hitherto the craftsmanship of books in Wales has suffered for want of attention to details of production. Yet Lady Guest's translation of The Mabinogion printed at Llandovery is a fine example of book production.¹⁰

Penderfynwyd hefyd y byddai'r deipysgrif ar gyfer pob cyfrol a gyhoeddir dan enw'r Bwrdd yn cael ei hasesu gyntaf gan arbenigwr academaidd addas a fyddai'n llunio adroddiad i'w sylw, ac y byddai'r tendr ar gyfer cyhoeddi pob llyfr yn cael ei gynnig i wahanol gyhoeddwyr, yng Nghymru a dros y ffin, er mwyn sicrhau'r costau mwyaf cystadleuol.¹¹ Arweiniodd hynny at amrywiaeth o gwmnïau gwahanol yn argraffu llyfrau'r Wasg yn y degawdau cynnar, gan gynnwys cyhoeddwyr Cymreig fel Gomer a Hughes a'i Fab, a rhai Saesneg fel y Clarendon Press a Macmillan and Co. Er i'r Bwrdd nodi'r bwriad o annog argraffu'r llyfrau yng

Nghymru, awgrymwyd hefyd bod lle i wella o ran safonau'r cwmnïau Cymreig: 'To foster good work the Board should encourage the printing and binding of books by firms in Wales. Some firms may be willing to undertake the production of books as a special branch of business, and to organise accordingly. At present the best produced books for the Welsh market are not printed in Wales. The *Archaeologia Cambrensis* and the publications of the Honourable Society of Cymmrodorion are printed by Devizes firms.'[12] Sefydlwyd o'r cychwyn, ymhellach, y byddai o leiaf rhai o lyfrau'r Wasg yn addas ar gyfer cynulleidfa o ddarllenwyr cyffredinol, gan gynnwys plant ysgol, yn hytrach nag ysgolheigion ac ymchwilwyr yn unig: 'Inquiry should be made with regard to the requirements for schools of all grades, and books for general circulation which may be held to come within the scope of the Board's operations.'[13]

Llyfrau Cynnar y Wasg

Cyhoeddwyd y gyfrol gyntaf o dan enw Bwrdd y Wasg ym 1923, sef golygiad Thomas Roberts ac Ifor Williams o gerddi Dafydd Nanmor.[14] Yn ail adroddiad blynyddol y Bwrdd y flwyddyn honno, cyfeiriwyd at y bwriad i gyhoeddi mwy o weithiau tebyg: 'The publication of old Welsh texts hitherto unpublished, of reprints of some of the old Welsh classics which have become very rare, and the production of works containing the results of modern scholarship, offers a wide range of activity'.[15] Aeth Ifor Williams ymlaen i wneud cyfraniad enfawr i raglen gyhoeddi'r Bwrdd dros y ddeugain mlynedd nesaf, gan lunio cyfres o gyfrolau a golygiadau ar amrywiaeth gyfoethog o glasuron y traddodiad barddol Cymraeg, fel *Canu Llywarch Hen* (1935), *Canu Aneirin* (1938), a *Canu Taliesin* (1960). Comisiynwyd T. Gwynn Jones hefyd ym mlwyddyn gyntaf y Bwrdd i baratoi cyfrol ar farddoniaeth Tudur Aled, ond bu'n bedair blynedd nes i'r gwaith hwnnw gael ei gyhoeddi ym 1926.[16] Bu hanner cyntaf y 1920au yn gyffredinol yn gyfnod o sefydlu ac amlinellu gwaith y Bwrdd ac o gomisiynu'r cyfrolau a ddechreuodd ymddangos yn fwy rheolaidd tuag at ddiwedd y degawd. Dysgwn yng nghofnodion cyfarfodydd y Bwrdd ym 1926, er enghraifft, y comisiynwyd W. J. Gruffydd y flwyddyn honno i greu blodeugerdd o farddoniaeth Gymraeg a gyhoeddwyd ym 1931.[17] Penderfynwyd yr un flwyddyn y byddai Gruffydd a Henry Lewis yn golygu argraffiadau o lawysgrifau Peniarth 35 a 56, menter sy'n nodweddiadol o'r cydweithredu agos rhwng y Bwrdd a'r Llyfrgell Genedlaethol yn Aberystwyth yn y blynyddoedd cynnar i gyhoeddi hen destunau Cymraeg o'r fath.[18]

Bu W. J. Gruffydd yn arbennig o weithgar fel aelod o'r Bwrdd ac awdur yn y blynyddoedd cynnar, a chlodforwyd ei ysgolheictod mewn adroddiad ar deipysgrif ei gyfrol ar bedwaredd gainc y Mabinogi, Math vab Mathonwy, a luniodd Yr Athro J. Lloyd-Jones: 'Not for a long time have I read anything so suggestive and stimulative, and the soundness of his argument and reasoning allays any surprise that one might feel at the striking conclusions he arrives at. Throughout one is impressed by the brilliant imagination and at the same time by the thoroughness of the writer, so that one ceases to wonder at the results of his inquiries into the sources of the various elements in the tale.'[19] Cyhoeddwyd y llyfr hwn ym 1928, a thair blynedd yn ddiweddarach ymddangosodd y rhan gyntaf o gampwaith yr adolygydd yntau, *Geirfa Barddoniaeth Gynnar Gymraeg*.[20] Bu Lloyd-Jones yn astudio ym mhrifysgolion Rhydychen a Freiburg cyn ei benodi'n bennaeth cyntaf yr Adran Gymraeg yng Ngholeg y Brifysgol, Dulyn, a chyhoeddwyd chwe chyfrol arall o'r *(G)eirfa Barddoniaeth Gynnar Gymraeg* dan ei enw cyn ei farwolaeth ym 1956.[21] Yn ei deyrnged iddo, dywedodd Thomas Parry: 'Y mae'r hyn a argraffwyd cyn marw'r awdur yn 672 o dudalennau mawrion, a thua 2000 o eiriau a ffigurau ar bob un. Cynnwys ugeiniau o eiriau cyfarwydd, ac ugeiniau hefyd a eglurwyd am y tro cyntaf yn y gwaith hwn. Y mae llawnder a manylder ambell ymdriniaeth yn syfrdanol'.[22]

Yn ddiddorol iawn, un o'r llyfrau cyntaf oll i gael ei gyhoeddi dan enw'r Wasg oedd cyfrol ym maes barddoniaeth Roegaidd gan y darlithydd Clasuron o Goleg y Brifysgol yng Nghaerdydd, Kathleen Freeman, *The Work and Life of Solon*, ym 1926.[23] Yn ôl adroddiad blynyddol y Bwrdd ar gyfer y flwyddyn honno, 'this work gives a complete account of the work and life of Solon, and estimates his contribution to the development of the Athenian community'.[24]

Roedd Freeman hefyd yn nofelydd poblogaidd ac yn ffigwr arloesol yn natblygiad y Brifysgol yng Nghymru. Er na fu unrhyw aelodau o Fwrdd y Wasg yn fenywod yn ystod ei hanner canrif cyntaf, cyhoeddwyd sawl cyfrol gan awduron benywaidd o'r blynyddoedd cyntaf ymlaen, megis yr hanesydd Nesta Evans.[25] Derbyniodd y Wasg grant o £50 gan y Bwrdd Gwybodau Celtaidd ym 1936, i gyhoeddi ei chyfrol ar hanes Sir Fôn yn y ddeunawfed ganrif a seiliwyd ar ei hastudiaeth agos o ddyddiaduron William Bulkeley, Brynddu. Cyhoeddwyd ei hail gyfrol yn yr un maes yn y 1950au cynnar. Dengys cyfrol Kathleen Freeman hefyd nad oedd cyhoeddiadau'r Bwrdd wedi eu cyfyngu i rai o fewn astudiaethau Celtaidd a Chymreig o'r cychwyn cyntaf, er bod y pwyslais yn gryf ar yr angen i gynyddu'r nifer o gyhoeddiadau modern yn y maes hwnnw. Ym 1926 hefyd, felly, cyhoeddwyd cyfrol T. Hudson-Williams, ieithydd disglair o Goleg y Brifysgol ym Mangor, ar *Early Greek Elegy*.[26]

Rhan allweddol bwysig o osod gwaith y Wasg ar seiliau cadarn oedd adroddiad a luniodd panel o W. J. Gruffydd, Syr John Morris-Jones a Henry Lewis ar ran y Bwrdd ym 1924, yn amlinellu'r math o lyfrau y dylid blaenoriaethu eu cyhoeddi yn y Gymraeg yn ei flynyddoedd cynnar.[27] Dosbarthwyd y llyfrau hyn i mewn i bedwar categori gan y panel. Yn gyntaf, llyfrau yn ymwneud â Chymru ym meysydd hanes, daearyddiaeth, hanes llenyddiaeth Gymraeg, diwydiannau Cymru a'i henwau lleoedd. Yn ail, llyfrau cyffredinol ar ystod eang o bynciau, gan gynnwys hanes Ewropeaidd; gwledydd Ewrop a chyfandiroedd eraill; llywodraeth, y Clasuron, crefyddau Beiblaidd a dwyreiniol; a llawlyfrau ar lenyddiaeth dramor, economeg, celf, cerddoriaeth a phensaernïaeth. Rhannwyd y trydydd categori, sef llyfrau llenyddol, mewn i bedair isadran: detholiadau o farddoniaeth Gymraeg; detholiadau o ryddiaith Gymraeg; gweithiau canoloesol, gan gynnwys rhai mythologol a rhai ym maes llên gwerin; ac yn olaf, antholeg gyffredinol o farddoniaeth a rhyddiaith Gymraeg a fyddai'n cymryd casgliad hynod boblogaidd y cyn-Fardd Llawryfog, Robert Bridges (1844–1930), *The Spirit of Man*, fel model i'w efelychu.[28] Llyfrau Cymraeg i ysgolion a cholegau oedd y categori olaf o'r pedwar, gan gynnwys argraffiadau gyda nodiadau helaeth o destunau canoloesol, barddoniaeth gynnar a gweithiau o'r cyfnod modern cynnar, ynghyd â llyfrau gwyddonol ar fotaneg, amaethyddiaeth a garddwriaeth, a chyfeirlyfrau ar ieithoedd tramor. Yn gyffredinol, anelai'r panel i'r cyhoeddiadau hyn efelychu cyfresi poblogaidd cyffelyb yn Saesneg o ran eu pris a'u diwyg, nod sy'n brigo i'r amlwg trwy gydol y cyfnod dan sylw wrth i'r farchnad ar gyfer llyfrau clawr meddal dyfu'n rhyngwladol yn y 1930au, yn arbennig gyda dyfodiad gweisg fel Penguin: 'it will be seen that the list aims at something on the lines of the Home University Library and...series such as the World's Classics. The Committee feels that a scheme like the above would make Welsh an instrument of wide culture.'[29]

Gwnaeth aelod o'r panel, sef Henry Lewis, ei angerdd dros gyhoeddi mwy o weithiau academaidd yn y Gymraeg yn glir mewn erthygl rymus i'r *Llenor* ym 1923, a chyfeiriodd at ran allweddol y Wasg yn y gwaith. Cyfeiriodd hefyd at y Seisnigrwydd a'r snobyddiaeth a nodweddai agweddau o waith y Brifysgol yng Nghymru hyd at y cyfnod hwnnw, elfennau y gellir gweld eu hôl yng nghofnodion cynnar Bwrdd y Wasg a'r ohebiaeth gydag awduron am eu llyfrau, sydd bron yn ddieithriad yn Saesneg. Galwodd Lewis ar ysgolheigion yng Nghymru i wrthod y Seisnigrwydd hwnnw ac ymroi i gyhoeddi eu gwaith yn y Gymraeg beth bynnag fo natur pwnc eu hymchwil:

> Dysgir pob math o bynciau yng Ngholegau'r Brifysgol, ond ychydig iawn a elwodd iaith y genedl Gymreig arnynt erioed. Wrth gwrs, cyfyng iawn fyddai cylch darllenwyr pethau felly, ac ychydig iawn o enwogrwydd a chlod a welai arloeswyr y ffordd yn eu dydd hwy. Eithr byddai'r bywyd newydd a roent yn yr iaith o werth amhrisiadwy iddi hi, ac wedi hir ymdrech fe ddeuai cynhyrchion Cymraeg Gwasg Prifysgol Cymru'n werthfawr i bob sgolhaig, o leiaf. Faint ohonom sy'n barod i aberthu tipyn o glod ac o "enwogrwydd Ewropëaidd" er mwyn gwneuthur yr iaith Gymraeg yn rhywbeth gwerth ei gynnig i bobl. Peidiwn ni, Gymry, pe na bai ond o gwrteisi â dilorni'r Brifysgol a'i hathrawon anghymreig a gwrthgymreig hyd oni ddysgom fyned i mewn drwy'r porth cyfyng hwn i brofi'n sêl dros ein hiaith.[30]

Bu penderfyniad Bwrdd y Wasg ym 1928 i apwyntio asiant teithiol er mwyn hybu gwerthiant llyfrau o'r math uchod ledled Cymru a thu hwnt yn hwb pendant i weledigaeth Henry Lewis.

Dechreuodd Ben Jones yn y swydd ym mis Awst a rhoddwyd car iddo er mwyn hwyluso'i waith.[31]

Asiant y Wasg

Yn ei adroddiad cyntaf i'r Bwrdd y Chwefror canlynol, dywed iddo ymweld â chymaint o ysgolion, colegau, llyfrgelloedd a llyfrwerthwyr â phosib trwy'r wlad dros y chwe mis blaenorol. Amlinellodd natur yr her a wynebai yn glir i aelodau'r Bwrdd: 'As the scheme is a new venture, it is a case of pioneering, and progress is of necessity gradual. On the whole I have been received very kindly, but found that booksellers were afraid to venture upon the Welsh publications of the Board owing to the present small demand.'[32] Llwyddodd i sicrhau ugain o gyfrifon newydd, serch hynny, yn ei flwyddyn gyntaf. Yn y cyfnod hwnnw bu'n arddangos cyhoeddiadau'r Bwrdd mewn cant a hanner o ysgolion, saith deg o lyfrgelloedd, cant chwe deg o siopau llyfrau, ac i nifer o unigolion hefyd. Cyn hynny, bu gwaith y Bwrdd yn anweledig i'r mwyafrif o ddarllenwyr yng Nghymru, meddai, a cheisiodd annog yr aelodau i ystyried helaethu ei restr:

> In the course of my itineraries, I have found that the existence of the Press Board is not generally known. If I may say so, I feel that some publications of a more popular character than the general run of the Board's publications would do much to remove this ignorance and serve to introduce the more strictly classical books. A book which would be on a popular topic while retaining the ideals of the Board is conceivable; probably the New Song Book is of such nature. In addition to the ultra-Classical order of the books, the price is in many cases a severe handicap to sales.[33]

Erbyn haf 1929, roedd Ben Jones wedi cynrychioli'r Bwrdd a rhoi darlithoedd am ei gyhoeddiadau mewn ystod o arddangosfeydd a digwyddiadau cenedlaethol, fel Eisteddfod yr Urdd ('a new and important national movement'), cynhadledd Undeb yr Athrawon (NUT), cynhadledd Sefydliad y Menywod (*Women's Institute*) yng Nghymru, a'r Eisteddfod Genedlaethol. Casglodd mai'r llyfrau mwyaf poblogaidd yn ystod digwyddiadau o'r fath oedd rhai fel *Hanes Cymru yn y Ddeunawfed Ganrif*, R. T. Jenkins, rhan o gyfres newydd 'Y Brifysgol a'r Werin' y Bwrdd, a cheisiodd ddarbwyllo'r aelodau i gyhoeddi mwy o lyfrau poblogaidd eu natur o'r math hwn.[34] Teimlai'n hyderus yn ei adroddiad ar ddiwedd y flwyddyn ei fod wedi ymweld â phob llyfrwerthwr yng Nghymru, a thrwy hynny bod ymwybyddiaeth o waith y Bwrdd wedi'i sefydlu'n gadarn ledled y genedl.[35]

Yn ystod 1930 bu'n ymweld ag arddangosfeydd dros y ffin, megis cynhadledd yr NUT yn Bournemouth, yn ogystal â Gŵyl Lyfrau Cymru, a gynhaliwyd am y tro cyntaf yng Nghaerdydd y flwyddyn honno. Tipyn o siom fu'r ymweliad hwnnw, ysywaeth: 'It is very difficult to estimate the value of this festival, being the first of its kind to be held in Wales. I do not think we shall benefit by such exhibitions, as you cannot expect children of 9 to 15 years of age to be interested in your publications. The number of adults who attended was very disappointing'.[36] Parhaodd Ben Jones i deithio'r wlad yn hyrwyddo gwaith y Bwrdd yn ddiflino hyd ei ymddiswyddiad ym 1936, pan gychwynnodd ar her newydd yn gweithio i Wasg Prifysgol Rhydychen. Penodwyd Elwyn Gruffydd i'w ddilyn yn y swydd ym mis Tachwedd 1936 gyda chyflog o £200 y flwyddyn am gyfod o bum mlynedd, ynghyd â swm o £100 i brynu car (ail-law), a swm o ddeg swllt y noson i aros dros nos mewn gwahanol drefi.[37] Cyrhaeddodd cyhoeddiadau Bwrdd y Wasg bellafoedd byd o'r blynyddoedd cynnar yn ogystal â'r siopau llyfrau y bu Ben Jones yn ymweld â hwy mor ddiwyd, fel y datgelir mewn cofnod diddorol o un o'i gyfarfodydd ym 1925 pan ddarllenwyd llythyr oddi wrth Brifysgol Tokyo yn gofyn: 'for a grant of all the Board's publications to the British contribution in aid of a scheme for rehabilitating its Libraries destroyed in the great earthquake. It was resolved that this be done.'[38]

Ifor L. Evans a thwf y Wasg

Bu John Ballinger farw ym 1933, ddwy flynedd wedi i'r Esgob Ddr. Gilbert Joyce, neu 'Gilbert Monmouth' fel y'i adwaenir yn y cofnodion, ei ddilyn fel cadeirydd Bwrdd y Wasg. Bu Joyce yn y gadair am wyth mlynedd, nes i Ifor L. Evans, a ymunodd â'r Bwrdd ym 1934, ei olynu. Penodwyd Evans yn Brifathro Coleg y Brifysgol yn Aberystwyth yr un flwyddyn, a bu'n llawer mwy cydymdeimladol â'r amcan o gyhoeddi mwy o lyfrau yn yr iaith Gymraeg na'i ragflaenwyr. Cafodd brofiad blaenorol o'r byd cyhoeddi fel un o ddau olygydd, gyda'i gyfaill Henry Lewis, menter bwysig o'r fath wedi'r Rhyfel Byd Cyntaf, sef 'Cyfres y Werin'. Cyhoeddwyd pymtheg o glasuron llenyddiaeth Ewrop yn y gyfres hon yn ystod y 1920au, ac yng ngeiriau Evans ei hun mewn adroddiad i'r Bwrdd ar y syniad o adfywio'r gyfres wedi'r Ail Ryfel Byd: 'Started by two utterly inexperienced youthful enthusiasts, immediately after WWI, and supported, to the tune of £100, by a small group, consisting mainly of Swansea dockmen, this series was continued, under the original editors, first by the Educational Publishing Company and then by Hughes and Son'.[39] Parhaodd y cydweithrediad rhwng Lewis ac Evans a'r mentro ar eu rhan fel aelodau allweddol o Fwrdd y Wasg yn y 1930au a'r 1940au wrth i'w raglen gyhoeddi dyfu a datblygu. Ynghyd ag R. T. Jenkins, W. J. Gruffydd a T. H. Parry-Williams, sicrhaodd y ddau gyfaill fod y Bwrdd nid yn unig yn llenwi'r bylchau mwyaf amlwg yn y ddarpariaeth o glasuron llenyddol y Gymraeg, ond hefyd yn paratoi astudiaethau arloesol newydd o'r traddodiad hwnnw a phynciau eraill fel hanes, cerddoriaeth ac athroniaeth gan ysgolheigion mentrus megis Ifor Williams, G. J. Williams ac R. I. Aaron.

Roedd Ifor L. Evans yn ŵr cymharol ifanc, ychydig dros ddeugain oed pan ddechreuodd yn ei rôl fel cadeirydd y Bwrdd, a bu'n ffigwr egnïol yn natblygiad y Wasg tan ei farwolaeth gynamserol ym 1952. Noda T. H. Parry-Williams yn ei atgofion o'i ymwneud â'r Bwrdd pa mor uchelgeisiol a llwyddiannus y bu ei gyfnod wrth y llyw:

> Yr oedd gan y Cadeirydd newydd ei syniadau arbennig ynglŷn â'r mathau o lyfrau i'w cefnogi ar gyfer eu cyhoeddi. Mwy o lyfrau o natur gyffredinol, gydag apêl ehangach, mwy o lyfrau o natur grefyddol a defosiynol, mwy o sylw i gerddoriaeth (yn enwedig

"musical classics"); ac fe lwyddodd drwy ei ymroddiad personol a thrwy gydweithio ac eraill, i hyrwyddo'i syniadau ac i ddwyn ei amcanion i ben i raddau helaeth.[40]

Teithiai T. H. Parry-Williams o Aberystwyth i gyfarfodydd y Bwrdd yn Amwythig gydag Ifor L. Evans ac aelod arall o'r Bwrdd, E. A. Lewis, o'i apwyntiad ym 1934 ymlaen, profiad a seriwyd ar gof y bardd ac ysgolhaig: 'Yr oedd tri ohonom yn awr yn cyd-deithio yng ngherbyd y Prifathro, a'i yrrwr preifat wrth y llyw. Os gyrrai hwnnw i ben y daith – Amwythig, dyweder – mewn record o amser, fe gai anrheg gan ei feistr; a chanlyniad y gyrru gwyllt fyddai fy mod i'n dyheu am iddo arafu neu aros, gan y byddai salwch-car yn dod drosof i yn ddieithriad, ac amheuthun fyddai gweld gwesty ar y gorwel yn rhywle.'[41] Tueddai cyfarfodydd y Bwrdd gael eu cynnal naill ai yng ngwesty'r Raven neu'r Guildhall yn Amwythig ac ambell dro yn y blynyddoedd cynharaf, yn Llundain.

Mentrau Newydd

Bu'r 1930au a'r 1940au cynnar yn gyfnod o brysurdeb yn gyffredinol ym myd cyhoeddi Cymraeg, gyda'r brodyr Aneirin ac Alun Talfan Davies yn cychwyn Llyfrau'r Dryw yn Abertawe, Gwasg Gee yn Ninbych yn mentro ar gyfres gyffelyb Llyfrau Pawb, a'r bardd dawnus Prosser Rhys yn datblygu Gwasg Aberystwyth a menter gysylltiedig y Clwb Llyfrau Cymreig yng Ngheredigion.[42] Cyfres eclectig o lyfrau neu lyfrynnau byr a gyhoeddodd wasg y Dryw yn wreiddiol, a nod tebyg y Clwb Llyfrau Cymreig oedd cynnig amrywiaeth o nofelau, llyfrau teithio, llyfrau hanes a chasgliadau o ysgrifau gan rai o brif lenorion ac ysgolheigion y genedl, fel T. H. Parry-Williams, Elena Puw Morgan a D. Tecwyn Lloyd i'w haelodau yn rheolaidd am bris rhesymol. Roedd un o'r mentrau mwyaf diddorol y bu Ifor L. Evans yn gyfrifol am ei chychwyn yn ystod ei gadeiryddiaeth o'r Bwrdd yn rhan o'r un don o weithgarwch, sef cyfres o lyfrau byr, hylaw, rhad a gyhoeddwyd yn ystod yr Ail Ryfel Byd, yn rhannol i'w darllen gan filwyr o Gymru dros y moroedd er mwyn codi eu hysbryd. Gwneir amcanion y Bwrdd yn gwbl glir yn rhagair y cyntaf o'r llyfrau hyn, *Hwnt ac Yma*, antholeg lenyddol ar themâu yn ymwneud â Chymru a Chymreictod. Amddiffyn yr elfennau hynny nid yn unig rhag bygythiad y gelyn oedd nod cyhoeddiadau o'r fath, dywedir, ond hefyd rhag y perygl o'r diwylliant Cymraeg yn cael ei foddi gan ddylanwadau o dros y ffin:

> Y mae'n amser difrifol arnom fel cenedl. Bob wythnos y mae nifer yr ymogelwyr sydd yn gorfod dianc o Loegr yn cynyddu. Ychydig iawn ohonynt sydd yn gwybod dim o gwbl am Gymru chwaethach gydymdeimlo â'i thraddodiadau a'i dyheadau. Ar yr un pryd gwelwn gannoedd o'n bechgyn (a'n merched hefyd, o ran hynny) yn gorfod gadael Cymru am fannau lle nad oes ond y gobaith gwannaf iddynt ddod dan unrhyw ddylanwad Cymreig.[43]

Detholiad o farddoniaeth a rhyddiaith ar thema rhyddid oedd yr ail gyfrol a gyhoeddwyd ym 1941 dan olygyddiaeth Emrys Evans, olynydd Ifor L. Evans fel cadeirydd y Bwrdd ym 1952, ac R. T. Jenkins. Nodir yn rhagair *Llais Rhyddid* na chyfyngodd y Bwrdd eu dewis i awduron Cymraeg yn unig, a cheir darnau o waith Platon, Voltaire, John Stuart Mill, Henry David Thoreau a Henri Bergson ynddi ochr yn ochr â dyfyniadau cyffelyb ar themâu fel awdurdod, cyfrifoldeb, a'r genedl gan Samuel Roberts (S. R.), Iolo Morganwg, Emrys ap Iwan ac Iorwerth C. Peate.[44] Cyhoeddwyd y trydydd detholiad o'r fath ym 1943 ar thema *Y Flwyddyn yng Nghymru*. Eglurir yn rhagair y gyfrol ei bod wedi ei baratoi, fel y ddwy flaenorol, gyda golwg i'w ddefnyddio mewn ysgolion yn ogystal ag er mwyn diddori milwyr Cymreig dramor, adlewyrchiad o'r modd y gwelai'r Bwrdd gyhoeddiadau'r Wasg fel rhan bwysig o addysg Cymry o bob oedran. Rhannai pob cenhedlaeth, ymhellach, yr un ofnau ac ansicrwydd wedi pedair mlynedd o ryfel enbyd: 'Onid ydym oll, ieuanc a hen, yn y dyddiau dyrus hyn, wedi ymddadebru, a dechrau dirnad unwaith eto fesur ein dibyniaeth ar y Rhagluniaeth honno nad oes na huno na chysgu yn ei hanes'.[45]

Er gwaethaf cyfyngderau economaidd a materol y rhyfel, megis prinder papur yn fwyaf amlwg yng nghyd-destun y byd cyhoeddi, llwyddwyd i barhau gwaith y Bwrdd rhwng 1939 a 1945, er na fu'r aelodau'n ymgynnull mewn person mor rheolaidd, adlais o'r cyfyngiadau a ddilynodd pandemig y coronafeirws yn 2020. Yn ogystal â chyfresi fel y detholiadau gwladgarol eu naws a drafodwyd uchod, aeth rhaglen gyhoeddi arferol y Wasg yn ei blaen gyda chyfrolau fel *Cyfreithiau Hywel Dda* yn ymddangos ym 1942.[46] Un o olygyddion y casgliad hwn ynghyd â Stephen J. Williams, awdur sawl cyfrol bwysig i'r Wasg fel *Elfennau Gramadeg Cymraeg*, oedd y gwleidydd Ceidwadol hiliol, drwg-enwog, Enoch Powell.[47] Roedd Powell yn ieithydd disglair ac academydd cyn cychwyn ar ei yrfa wleidyddol yn y Blaid Geidwadol, a bu'n ddigon hyderus i gynnal ambell gyfweliad teledu yn y Gymraeg wedi'r Ail Ryfel Byd, er mai fersiwn digon rhyfedd, hynafol o'r iaith a siaradai.

Modernrwydd a'r Wasg

Bu cychwyn y Wasg yn un o blith nifer o fentrau modern, pwysig ym myd cyhoeddi Cymraeg rhwng y rhyfeloedd yr oedd W. J. Gruffydd ac aelodau eraill o'r Bwrdd yn rhan ganolog o'u trefnu. Cyhoeddwyd cylchgrawn arloesol *Y Llenor* am y tro cyntaf o dan olygyddiaeth Gruffydd yn yr un flwyddyn a sefydlwyd Bwrdd y Wasg. Ystyrir 1922 yn flwyddyn ffurfiannol yn natblygiad moderniaeth lenyddol yn Ewrop yn gyffredinol, gyda chyhoeddi gweithiau allweddol fel nofel James Joyce, *Ulysses*, ym Mharis a cherdd T. S. Eliot, *The Waste Land*, yn Llundain.[48] Clodforwyd y Bwrdd yn rheolaidd yn adolygiadau'r *Llenor* a chylchgronau mwy hirhoedlog fel *Y Traethodydd*, am ddarparu cyfrolau o safon ar lenyddiaeth a hanes Cymru wrth i'w raglen gyhoeddi dyfu a chyflymu tua diwedd y 1920au a dechrau'r 1930au. Bu'r ddau ddegawd rhwng y rhyfeloedd byd yn sicr yn gyfnod o brysurdeb ac adfywiad neilltuol ym myd llyfrau Cymraeg, gydag awduron fel rhai o enwau amlycaf y Wasg yn golygu a dadansoddi'r clasuron llenyddol o'r newydd gan wthio'r iaith i gyfeiriadau modernaidd, newydd yn eu gweithiau creadigol a beirniadol. Adlewyrchwyd yr awydd i drin pynciau amrywiol o bob math trwy'r Gymraeg yn y rhestr wreiddiol o lyfrau i'w cynnwys yng nghyfres 'Y Brifysgol a'r Werin' a luniodd is-bwyllgor ar ran y Bwrdd ym 1927.[49]

Ceir llyfrau ar seicoleg, athroniaeth, economeg, amaethyddiaeth a gwyddoniaeth ar y rhestr hon, a llwyddwyd i wireddu'r uchelgais o gyhoeddi llyfrau yn y meysydd hynny o fewn y gyfres yn y mwyafrif o achosion, er i ambell gyfrol fethu ymddangos. O ystyried y cyfoeth o lyfrau ac ysgrifau eraill ym maes cyffrous seicoleg a seicdreiddiad a gyhoeddwyd yn y Gymraeg tua'r un adeg, mae'n drueni mawr yn arbennig i gyfrol arfaethedig yr Athro Idwal Jones o Goleg y Brifysgol yn Aberystwyth beidio cael ei chwblhau. Gresyn na ymddangosodd yr unig gyfrol arfaethedig gan awdures ar y rhestr, sef Gwenan Jones, ychwaith, oherwydd byddai llyfr cyfan ar addysg gan ffigwr a fu mor flaengar ac arloesol o ran ei syniadau yn y maes hwnnw rhwng y rhyfeloedd byd wedi bod yn gaffaeliad mawr i'r gyfres.[50] Bu'n fwriad yn wreiddiol i gynnwys cyfrol ar Foderniaeth yn y gyfres hefyd, llyfr a fyddai wedi bod yn arbennig o ddiddorol mewn cyfnod pan oedd dylanwad technegau a syniadau'r mudiad hwnnw yn dechrau ymddangos yng ngweithiau llenorion Cymraeg fel T. H. Parry-Williams.

Mae adolygiad cylchgrawn *Cymru* o gyfrol T. Gwynn Jones ar farddoniaeth Tudur Aled, a gyhoeddwyd mewn dwy ran, yn nodweddiadol o'r clod a dderbyniodd Bwrdd y Wasg yn ei flynyddoedd cynnar am natur genhadol ei waith, a welwyd fel rhan bwysig o adfywiad cenedlaethol mwy cyffredinol. Bellach, wedi dyfodiad y Wasg, ni fyddai angen i ysgolheigion fel Jones gymryd ffrwyth eu hymchwil dros y ffin i'w gyhoeddi: 'Y mae'r gwaith argraffu yn lân a thestlus, a phris y ddwy gyfrol yn syndod o isel, pan gofir natur y llyfr, ac yn llawer is na phris llyfrau eraill tebyg, sydd gennym yn ein meddwl, yn ymwneud â Chymru, a gyhoeddwyd yn ddiweddar gan weisg Seisnig. Dengys y gyfrol hon, yn wir, mai snobyddiaeth ydyw'r unig reswm tros i Gymro dysgedig fynd a'i waith i'w gyhoeddi i Loegr, a diolchwn, unwaith eto, i'r athro am sefyll mor bybyr ar y mater hwn.'[51] Eir ymlaen i longyfarch yr awdur am roi portread mor ddifyr o hanes cyfnod y Tuduriaid yn ogystal â gwaith un o brif feirdd Cymraeg yr oes, a chesglir bod 'ysgolheictod cywrain a manwl y llyfr yn esiampl, a'r llafur caled yma o waith y doethwr athrylithgar yn destun efelychiad i ni, efrydwyr llên a hanes ein gwlad'.[52]

Bu cyhoeddiadau cynnar y Wasg yn brawf nid yn unig nad oedd o reidrwydd angen i ysgolheigion o Gymru gyhoeddi ffrwyth eu hymchwil yn Lloegr bellach, ond hefyd bod modd iddynt wneud hynny trwy'r Gymraeg yn hytrach na'r Saesneg. Cyhoeddwyd un o lyfrau cynnar mwyaf arwyddocaol a dylanwadol y Wasg ym 1928, sef *Orgraff yr Iaith Gymraeg* gan aelod o'r Bwrdd, Syr John Morris-Jones.[53] Yn adolygiad *Y Traethodydd*, nodir mai canlyniad ymchwil a luniwyd yn rhannol ar gyfer Adroddiad Pwyllgor Cymdeithas yr Iaith Gymraeg mor bell yn ôl a 1893 oedd y llyfr hwn. Bu i un o bwyllgorau Prifysgol Cymru ailymweld â'r ymchwil yn y 1920au, a dengys yr adolygydd bod newid agwedd pwysig yn gwahanu'r ddau gyfnod: 'Llyfryn Saesneg oedd Adroddiad Pwyllgor Cymdeithas yr Iaith Gymraeg, ond llyfr Cymraeg yw Adroddiad Pwyllgor Llên Bwrdd Gwybodau Celtaidd Prifysgol Cymru – arwydd o gynnydd a dangosiad ein bod yn dyfod yn gallach'.[54] Gwnaeth y llyfr gyfraniad sylweddol at safoni Cymraeg ysgrifenedig a gosod patrwm a ddilynwyd yn gyffredinol yng ngweddill cyhoeddiadau'r Wasg yn yr ugeinfed ganrif. Diolcha'r adolygydd y Bwrdd am ddarparu'r fath wledd am dri swllt, a dywed bod y llyfr o ran ei ddiwyg a'i gynnwys yn 'bopeth a ellid ei ddymuno'. Aeth y Wasg ymlaen dros y degawdau nesaf i gyhoeddi lliaws o gyfrolau pwysig eraill ar ramadeg a chystrawen y Gymraeg, gan gynnwys *Y Treigladau a'u Cystrawen*, campwaith pum can tudalen T. J. Morgan ym 1952, ynghyd â chyfrolau ar nodweddion ieithoedd Celtaidd eraill, megis llawlyfrau Henry Lewis a Melville Richards ill dau ar Lydaweg Canol a Hen Wyddeleg.[55] Un o ymrwymiadau pwysicaf y Wasg, ymhellach, oedd cyhoeddi Geiriadur Prifysgol Cymru, prosiect a gychwynnwyd flwyddyn ynghynt ym 1921, ac ymddangosodd y rhan gyntaf ym 1950.

Derbyniodd y Wasg glod pellach yn adolygiad G. J. Williams o *Pedeir Keinc y Mabinogi* Ifor Williams, a gyhoeddwyd yn 1930, i'r *Traethodydd* yn Ionawr 1931. Roedd Griffith John Williams – awdur ac ysgolhaig pwysig ei hun, un o garfan ddisglair o gyn-ddisgyblion Ysgol Sir Tregaron, gydag Ambrose Bebb, Cassie Davies ac eraill, y datblygwyd eu doniau dan arweiniad cadarn y prifathro S. M.

Powell – yn argyhoeddedig ynglŷn â phwysigrwydd ei chyfraniad i'r diwylliant Cymraeg:

> Y mae Gwasg Prifysgol Cymru eisoes wedi profi ei gwerth dirfawr i efrydiau Cymraeg drwy gyhoeddi, ynghyd â llawer o lyfrau eraill, lawlyfrau hylaw a rhagorol gan athrawon ac ysgolorion Cymraeg y Brifysgol. Nid esgynnodd ysgolheictod ym mhynciau'r iaith erioed cyn uched ag yn y blynyddoedd diwethaf hyn, a cheir ei ffrwyth toreithiog yn yr amryw argraffiadau o hen lawysgrifau a llyfrau gyda rhagymadroddion a nodiadau diamheuol wych gan y gwŷr cymhwysaf i wneuthur hynny yn y wlad ac yn y byd.[56]

Haerodd ymhellach nad oedd y Wasg yn ei blynyddoedd cynnar wedi cyhoeddi 'ddim gwell na'r gyfrol hon gan Ifor Williams, ac y mae'n amheus gennyf a ellid llawlyfr rhagorach a chyflawnach ar unrhyw destun mewn unrhyw iaith nag a roes fy nghyfaill y tro hwn.'[57]

Nid cyd-ddigwyddiad mo'r ffaith i rai o awduron pwysicaf y Wasg yn ei dyddiau cynnar, fel Griffith John Williams, chwarae rhan bwysig hefyd yng ngenedigaeth a datblygiad Plaid Genedlaethol Cymru ym 1924, ddwy flynedd wedi i aelodau'r Bwrdd ymgynnull yn Llundain am y tro cyntaf. Cynhaliwyd un o gyfarfodydd cyntaf y Blaid, yn wir, yng nghartref Williams a'i wraig Elizabeth, ffigwr dylanwadol yn ei hawl ei hun, ym Mhenarth.[58] Roedd ymdrechion Bwrdd y Wasg i gryfhau ac ymestyn dysg trwy gyfrwng y Gymraeg yn rhan o'r un hyder newydd yn eu Cymreictod a arweiniodd ei genhedlaeth i sefydlu'r Blaid a throi'n gynyddol at genedlaetholdeb rhwng y rhyfeloedd byd. Dylid nodi, serch hynny, nad oedd holl aelodau'r Bwrdd yn gefnogwyr o'r mudiad newydd, fel y gwelwyd yn fwyaf amlwg a dadleuol yn yr ornest chwerw rhwng W. J. Gruffydd a Saunders Lewis dros etholaeth y Brifysgol yn San Steffan (roedd Lewis yn awdur cyfrol ei hunan i'r Wasg ychydig flynyddoedd ynghynt yn rhoi braslun o ddatblygiad llenyddiaeth Gymraeg).[59] Aeth Griffith John Williams ymlaen i gyhoeddi cyfrol arloesol ar fywyd a gwaith Iolo Morganwg i'r Wasg ym 1956, a fu'n sbardun i'r ailasesiad o'i yrfa liwgar a ddilynodd yn ail hanner yr ugeinfed ganrif.[60] Cyn hynny cyhoeddodd gyfrol swmpus i'r Wasg gydag Evan J. Jones ar ramadeg y beirdd canoloesol, *Gramadegau'r Penceirddiaid*, ym 1934, golygiad o waith gramadegol Gruffydd Robert y bu'n ymchwilio yn y Biblioteca Ambrosina ym Milan ym 1939, a llyfr ar draddodiad llenyddol Morganwg ym 1948.[61]

T. H. Parry-Williams a'r Wasg

Ymunodd un o ddoniau mwyaf amryddawn ei genhedlaeth â Bwrdd y Wasg ym 1933, ac un a oedd ei safbwyntiau gwleidyddol ychydig yn llai amlwg, sef T. H. Parry-Williams, yng nghanol cyfnod pan wnaeth gyfraniad personol enfawr i ymestyn ei raglen gyhoeddi. Rhwng 1931 a 1937, cyhoeddwyd chwech o lyfrau dan ei enw ar ran y Bwrdd, gan gynnwys golygiadau o garolau Richard White, llawysgrif Richard Morris a'r canu rhydd cynnar; cyfrol gyflwyniadol ar *Elfennau Barddoniaeth* a restrwyd yng nghatalog cyntaf y Wasg fel llyfr addas i'w ddefnyddio mewn ysgolion; a golygiad o Lawysgrif Hendregadredd a gwblhawyd ganddo a Rhiannon Morris-Jones, gweddw Syr John Morris-Jones, yn dilyn marwolaeth y cawr o Fangor ym 1929.[62] A hyn oll yn yr un cyfnod a gyfansoddodd rhai o'i ysgrifau creadigol mwyaf unigryw a rhai o'i gerddi mwyaf cofiadwy. Yn ôl adroddiad blynyddol y Bwrdd ym 1936, ymgais oedd *Elfennau Barddoniaeth* i 'egluro'n syml rywfaint ar gelfyddyd barddoni – ei saernïaeth, a'i chrefftwaith.'[63]

Roedd Parry-Williams yn aelod brwdfrydig o'r Bwrdd am gyfnod o bron i ddeugain mlynedd, a bu'n ymhél ag amrywiaeth o brosiectau gwahanol ar ei ran, gan gynnwys cydweithio yn y 1930au hwyr gyda Sefydliad y Bancwyr (*Institute of Bankers*) ar gyfrol arfaethedig yn ymdrin â'r Gymraeg ym myd busnes a bancio. Cadeiriodd is-bwyllgor i'r perwyl hwn a gasglodd 'that it considers the publication of a book on Commercial Welsh highly desirable'. Dylai gynnwys penodau ar yswiriant, y gyfraith, a chyfrifeg, yn ogystal â bancio oherwydd 'useful material, in the form of letters, notices, descriptive accounts, is available as illustrations of the use that is being made of Welsh in dealing with subjects of this kind'.[64] Dyma dystiolaeth bendant, felly, o'r gwaith arloesol a wnaeth aelodau Bwrdd y Wasg yn ei ddegawdau cynnar nid yn unig i gynyddu'r defnydd o'r Gymraeg yn y byd academaidd, ond hefyd i adlewyrchu a meithrin ei ddefnydd ym mywyd pob dydd tu hwnt i goridorau colegau'r Brifysgol. Ffrwyth eu hymdrechion yn yr achos hwn oedd cyfrol S. Gwilly Davies, *Byd Busnes*, a gyhoeddwyd ym 1938.[65] Yn ei adolygiad byr o'r llyfr i'r *Llenor*, cadarnhaodd T. J. Morgan nad ymgeiswyr arholiadau banciau y byddai o ddefnydd iddynt yn unig gan fod 'pynciau a drinir sy'n cyffwrdd â phob un ohonom yn ei fywyd beunyddiol' yn nodwedd mor amlwg ohono.[66]

Ehangu rhaglen gyhoeddi y Wasg

Bu pâr priod ifanc, sef Rhiannon a Mansel Davies, yn gyfrifol am lunio cyfrol ddiddorol yn y Gymraeg i'r Wasg mewn maes arall tu hwnt i lenyddiaeth neu hanes ym 1948. Rhan o gyfres 'Y Brifysgol a'r Werin' oedd eu *Hanes Datblygiad Gwyddoniaeth*, un o'r amrywiaeth eang o bynciau a drafodwyd yn y gyfres honno, ynghyd ag amaethyddiaeth, moeseg, gwleidyddiaeth, ac egwyddorion economeg.[67] Cyfarfu'r ddau, a oedd yn gyn-fyfyrwyr o Goleg y Brifysgol yn Aberystwyth, fel athrawon yn Ysgol Dyffryn Ogwen, Bethesda yn y 1940au cynnar. Aeth Mansel Davies ymlaen i wneud cyfraniad academaidd pwysig tu hwnt i Gymru ym myd biocemeg, yn ogystal ag ysgrifennu cyfrol am Fwdhaeth o safbwynt gwyddonol a adlewyrchai ei ddiddordeb dwfn yng nghrefyddau'r dwyrain.[68] Adolygwyd eu cyfrol yn ffafriol yng nghylchgrawn Cymdeithas Addysg y Gweithwyr ym 1950. Dadleua I. Elfyn Ellis iddynt dorri tir newydd yn yr ymdriniaeth â gwyddoniaeth trwy gyfrwng y Gymraeg: 'Nid gorchwyl hawdd o gwbl oedd cyfleu'r wybodaeth hon mewn Cymraeg dealladwy oblegid hyd yn hyn nid oes gennym eirfa gydnabyddedig ac adnabyddus'.[69] Llwyddodd yr awduron, serch hynny, i ymdrin ag arbrofion a damcaniaethau cewri gwyddonol, o Kepler, Galileo a Copernicus i rai mwy diweddar fel Rutherford a Madam Curie, yn eglur a difyr. Gallai fentro, o ganlyniad, y byddai 'galw am y llyfr hwn i Ddosbarthiadau Allanol o dan gyfarwyddyd athrawon hyddysg yn y maes'.[70]

Tyfu o ddarlithiau a gyflwynodd yr awdur i ddosbarthiadau cyffelyb a wnaeth cyfrol arall yng nghyfres 'Y Brifysgol a'r Werin' a drafodir yn yr un adolygiad, sef *Hanes Cristionogaeth* gan Isaac Thomas, a gyhoeddwyd ym 1949. O dan olygyddiaeth graff David Thomas, cyhoeddwyd adolygiadau tebyg o lyfrau'r Wasg yn gyson ar dudalennau *Lleufer* o'i ail rifyn ym 1944 ymlaen. Adlewyrchai hynny'r ffaith i o leiaf rhai o lyfrau'r Wasg, fel y cyfrolau yng nghyfres 'Y Brifysgol a'r Werin', chwarae rhan bwysig ym mywyd diwylliannol darllenwyr cyffredinol o bob haenen a dosbarth cymdeithasol yng Nghymru, gan gynnwys gweithwyr yn ardal y chwareli yng Ngogledd Cymru a wnaeth gyfraniad ariannol mor hanfodol i sefydlu colegau Prifysgol Cymru yn y lle cyntaf. Yn wir, roedd cyhoeddiadau'r Wasg yn rhan bwysig o feithrin y berthynas agos a fodolai rhwng colegau'r Brifysgol a chymdeithasau fel Cymdeithas Addysg y Gweithwyr yn negawdau canol yr ugeinfed ganrif, ynghyd â'u dosbarthiadau allanol.

Roedd y Wasg eisoes wedi braenaru'r tir ar gyfer llyfr Rhiannon a Mansel Davies trwy gyhoeddi dwy gyfrol wyddonol yn y Gymraeg cyn yr Ail Ryfel Byd. Llyfr Gwilym Owen, Athro mewn Ffiseg yng Ngholeg y Brifysgol, Aberystwyth, *Mawr a Bach: sef Sêr ac Electronau*, oedd y cyntaf i ymddangos ym 1936.[71] Yn ôl adroddiad blynyddol y Wasg ar gyfer y flwyddyn olynol, llyfr at wasanaeth plant ysgolion Cymru oedd yr ail, sef *Elfennau Cemeg*, Richard Owen Davies, aelod arall o staff y coleg yn Aberystwyth.[72] Llawlyfr i gynorthwyo athrawon i ddysgu cemeg drwy'r Gymraeg oedd y gyfrol hon, ac arwydd arall o ymroddiad Bwrdd y Wasg i gryfhau addysg trwy gyfrwng y Gymraeg ar draws ystod eang o feysydd academaidd.[73] Fel y dywed T. H. Parry-Williams yn y rhagair: 'Nid bychan o beth oedd llunio llawlyfr gwyddonol Cymraeg mor gryno'i gynnwys ac mor glir ei ymdriniaeth.'[74] Dywed Gwilym Owen yn y rhagair i'w lyfr yntau iddo ei ysgrifennu ar gyfer plant ysgol yn bennaf, ond gobeithiai y byddai o ddiddordeb ac yn ddealladwy i ddarllenwyr o bob math: 'Ceisir osgoi termau technegol, ac ni raid i neb ofni na all ddilyn y gwersi. Credaf nad oes odid air yn y llyfr nad yw ei ystyr yn eglur i bawb.'[75] Gallai ei ddarllen yn sicr gynnig profiad arallfydol, gwahanol iawn i lyfrau blaenorol y Wasg oherwydd ceir penodau ynddo yn disgrifio 'ymweliad dychmygol â'r lleuad' ac yn trafod 'posibilrwydd bywyd ar fydoedd eraill'. 'Pe gofynnid y cwestiwn hwn 300 o flynyddoedd yn ôl,' meddai'r awdur yn yr olaf o'r ddwy, 'fe fyddai perygl i ofynnydd y cwestiwn gael ei losgi wrth y stanc oherwydd iddo awgrymu syniad mor hereticaidd ac annuwiol. Awgrymu bod bydoedd eraill a chreaduriaid rhesymol (dynion?) arnynt!'.[76] Cynorthwyodd T. H. Parry-Williams iddo sicrhau cywirdeb yr iaith, a chyfrannodd un o'i gerddi i'w ddefnyddio fel cyflwyniad. Mae'n cloi gyda'r llinellau trawiadol: 'Nyni, yr hanner duwiau, llwch y llawr,/Ni wyddom sut i fesur bach na mawr'.[77]

Cychwynnwyd ar fenter arwyddocaol newydd ym myd efrydiau Cymraeg y flwyddyn ganlynol, sef penderfynu cyhoeddi cyfnodolyn athronyddol yn yr iaith Gymraeg am y tro cyntaf. Ymddangosodd rhifyn cyntaf *Efrydiau Athronyddol* ym 1938 gydag R. I. Aaron, darlithydd yng Ngholeg y Brifysgol yn Aberystwyth ac awdur llyfr arloesol ar hanes athroniaeth fodern yng nghyfres 'Y Brifysgol a'r Werin', yn ei olygu. Roedd safon academaidd a deallusol aruchel y cylchgrawn ac amrywiaeth y pynciau a drafodwyd ynddo yn nodedig o'r rhifyn cyntaf lle ceir ysgrif Aaron ei hun ar John Locke ynghyd ag erthyglau ar 'Y Syniad o Werth', 'Canfod', a natur yr hunan ac adolygiadau o gyfrolau ar seicoleg drwy'r oesoedd ac athroniaeth y diwinydd dirfodol Rwsieg, Nicolas Berdyaev.[78] Cafodd athroniaeth ddwyreiniol sylw cyson ar dudalennau'r cylchgrawn o'i rifynnau cynnar hefyd, gyda'r ieithydd disglair o Gei Newydd, J. J. Jones, yn gwneud defnydd o'i adnabyddiaeth o'r ysgrythurau gwreiddiol Sansgrit i drafod 'Y Buddha a phroblem y drwg' ym 1941 ac i gymharu'r cysyniadau Bwdhaidd a Groegaidd allweddol o 'Dharma a Logos' ym 1946.[79]

Ailargraffu'r Clasuron Cymraeg

Lluniodd R. T. Jenkins, hanesydd mwyaf disglair ei gyfnod a chyfaill a chymydog i W. J. Gruffydd yn ardal gardd-bentref Rhiwbeina ar gyrion Caerdydd, adroddiad diddorol pan ymunodd â'r Bwrdd ym 1937 ar y ddarpariaeth o glasuron y Gymraeg oedd ar gael i ddarllenwyr yn y cyfnod hwnnw, gyda golwg i'r Wasg lenwi unrhyw fylchau amlwg.⁸⁰ Ddegawd ynghynt cyhoeddwyd y cyntaf o ddwy gyfrol Jenkins ei hun ar hanes y ddeunawfed a'r bedwaredd ganrif ar bymtheg yng Nghymru, sy'n parhau hyd heddiw i fod ymhlith y gweithiau mwyaf darllenadwy a difyr ar y cyfnod yn y Gymraeg.⁸¹ Y gyfrol gyntaf o'r ddwy oedd y cyntaf hefyd i gael ei chyhoeddi yng nghyfres 'Y Brifysgol a'r Werin' ym 1928, a bu'n llwyddiant poblogaidd yn ogystal â beirniadol o'r cychwyn. Nodir yng nghofnodion y Bwrdd ym Mehefin 1929 i chwe chant o'r ddwy fil o gopïau a argraffwyd gael eu gwerthu o fewn llai na chwe mis o'i chyhoeddi, ac archebwyd ailargraffiad o fil o gopïau yn fuan wedi hynny.⁸² Cofiai'r awdur ei hun y croeso a dderbyniodd y gyfrol yn ei hunangofiant: 'Gwerthodd John Evans yng Nghaerdydd *bedwar cant* o gopïau ar un Sadwrn; cyn imi gael cyfle i anadlu, 'roedd y llyfr yn ei drydydd argraffiad. 'Rwyf wedi hen golli golwg ar argraffiadau – y mae wyth neu naw ohonynt, a miloedd ar filoedd o gopïau wedi eu gwerthu; mi gredaf mai hwn, y cyntaf o'r gyfres i ddyfod allan, sydd eto ar y blaen yn y gwerthiant'.⁸³ Ond noda'n wylaidd hefyd mai'r ffaith iddo gael ei ddewis fel llyfr gosod ar gyfer Arholiadau'r Bwrdd Canol oedd yn rhannol gyfrifol am y gwerthiant syfrdanol, 'felly fe *orfu* ar laweroedd o'r plant druain ei brynu, heb unrhyw awydd!'⁸⁴ Beth bynnag am hynny, cafodd ei longyfarch yn adolygiad *Y Traethodydd* am roi cychwyn mor addas i'r gyfres: 'Teg casglu oddi wrth ddau air – Prifysgol a'r Werin – a geir yn nheitl y gyfres, y disgwylid dau beth – ymchwiliad trwyadl fel ffrwyth addysg Prifysgol, a rhoddi ffrwyth yr ymchwiliad mewn iaith seml, raenus, a ddeellir gan y bobl, a heb ormod o liw Prifysgol arni. Ac y mae awdur y gyfrol hon yn feistr ar y ddeubeth hyn'.⁸⁵

Dengys R. T. Jenkins yn ei adroddiad i'r Bwrdd, nad prinder fersiynau o'r clasuron Cymraeg yng nghyfnod ei ieuenctid tua dechrau'r ugeinfed ganrif oedd y brif broblem y ffurfiwyd y Wasg i'w goresgyn, ond safonau gwael y cyhoeddiadau hynny. Cofiai fod oddeutu pumdeg cyfrol ar gael yng 'Nghyfres y Fil' O. M. Edwards am bris mor isel â swllt neu bymtheg ceiniog yr un, a chyhoeddwyd eraill megis Isaac Foulkes, Hughes a'i Fab a Spurrell yn cynnig argraffiadau rhad o weithiau Morgan Llwyd, Twm o'r Nant ac Ellis Wynne, ymhlith eraill.⁸⁶ Ond go symol oedd y cyhoeddiadau hynny oll o ran eu diwyg a'u safonau golygyddol yn ei dyb ef: 'To sum up, the Welsh reader who was not bothered by bad type, bad paper, and uncritical texts, could become very fairly acquainted with well-nigh the whole range of our post-medieval literature (at least), and that without spending very much'.[87]

Erbyn y 1930au roedd y sefyllfa'n wahanol iawn, meddai, ac ychydig iawn o'r cyfresi a chyhoeddiadau uchod oedd ar gael i ddarllenwyr yng Nghymru beth bynnag fo'u gwendidau ysgolheigaidd, wrth i'r farchnad lyfrau grebachu'n sylweddol yn ystod chwarter cyntaf yr ugeinfed ganrif. Canlyniad anochel hynny oedd: 'With all the activity at our colleges, with all the zeal with which a subject called "Welsh" is taught in the schools, undergraduates and schoolboys cannot count, *as they could count in 1900*, on being able to walk into the nearest bookshop and order this classic or that in a relatively cheap edition.'[88] Roedd copïau ohonynt yn dal i'w canfod mewn llyfrgelloedd Cymreig, ond dros y ffin yn Lloegr, mewn cyferbyniad, dadleuodd nad oedd y cyhoedd darllengar yn fodlon i glasuron llenyddiaeth y genedl gael eu trin fel creiriau mewn amgueddfa. Y tueddiad peryglus a welai yng Nghymru oedd ystyried mai mater ar gyfer sylw academyddion ac ymchwilwyr yn unig oedd llenyddiaeth a hanes y genedl. Gallai darllenwyr a myfyrwyr Seisnig ddibynnu ar gyfresi fel rhai 'Everyman', a gychwynnwyd gan gwmni cyhoeddi J. M. Dent ym 1906, i gael gafael ar weithiau hyd yn oed nofelwyr a haneswyr gweddol anadnabyddus, ond yng Nghymru ychydig iawn o ddeunydd safonol oedd ar gael iddynt:

> A lecturer in English history can confidently send his men out for cheap copies of these works; his confrere in Wales has to pass around his own copies (not without nervousness), or cajole the College Librarian to relax his guard over his strong-room for a short period. In the end, the men leave college with no books, and go through life depending on hastily-copied extracts[89]

Diweddu'r annhegwch a'r anghyfartaledd uchod oedd un o'r prif gymhellion a arweiniodd Bwrdd y Wasg i gychwyn cyfresi fel un 'Y Brifysgol a'r Werin' y gwnaeth Jenkins gyfraniad mor bwysig iddi.

Canlyniad adroddiad R. T. Jenkins oedd cychwyn cyfres newydd o'r enw 'Llyfrau Deunaw', er mwyn sicrhau bod rhai o glasuron llenyddol mwyaf y Gymraeg ar gael i ddarllenwyr mewn argraffiadau safonol, rhesymol eu pris. Daw'r deunaw yn rheitl y gyfres o'r ffaith mai swllt a chwech (1/6), neu deunaw ceiniog, oedd pris y cyfrolau ynddi, swm llawer is na'r llyfrau arferol a gyhoeddai'r Wasg. Penderfynwyd yn ffurfiol i'w chomisiynu yng nghyfarfod y Bwrdd ym mis Tachwedd 1938, a gwna'r cofnod yn amlwg bod datblygiadau cyfoes ym myd cyhoeddi tu hwnt i'r ffin, yn enwedig dyfodiad cynyddol llyfrau clawr papur, deniadol wedi'u hysbrydoli, yn rhannol: 'The Board considered further the question of the publication of a series on the lines of the Penguin and Pelican books'.[90] Ymyrrodd yr Ail Ryfel Byd i ryw raddau yn natblygiad y gyfres hon, ond unwaith i'r cyflenwad o bapur ddychwelyd i'w lefelau arferol yn dilyn y brwydro, aeth y gyfres o nerth i nerth. Cyhoeddwyd deuddeg cyfrol ynddi erbyn 1950, a nodwyd yn ei adroddiad blynyddol am y flwyddyn honno mai prif gyfraniad y Bwrdd ers diwedd y Rhyfel oedd 'the series known as "Llyfrau Deunaw", which offers the serious reader a wide variety of writing, in prose and verse, by standard authors ranging in date from the sixteenth to the nineteenth century. The main purpose of the series was to meet the criticism that the major and minor classics of Welsh literature were not obtainable except at great cost in time and money.'[91] Bu ysgolheigion fel Thomas Parry, Glyn Ashton, D. Myrddin Lloyd ac eraill yn gyfrifol am olygu'r detholiadau yn y gyfres o waith ffigyrau mor amrywiol â Twm o'r Nant, Islwyn, Christmas Evans ac Eben Fardd. Fel y sylwodd Garfield Hughes yn ei adolygiad o ddwy o'r cyfrolau hyn ym 1948, 'Pennaf rhinwedd y *Llyfrau Deunaw*, efallai, yw dangos gwerth defnyddiau a ddiystyrir gennym yn rhy fynych o lawer, a datguddio defnyddiau eraill a gedwir rhagom gan amgylchiadau'.[92]

Cyfres 'Y Brifysgol a'r Werin'

Nodwyd yn adroddiad blynyddol 1950 yn ogystal bod tair o gyfrolau newydd wedi cael eu hychwanegu at gyfres 'Y Brifysgol a'r Werin', a thrwy hynny 'modern scholarship is brought to the general reader', nod y'i sefydlwyd yn benodol i'w hyrwyddo.[93] Gwelir yng nghofnodion y Bwrdd ar gyfer 1927, mai cais ar ran Bwrdd Efrydiau Allanol Prifysgol Cymru ar gyfer cyfrolau addas i'w defnyddio yn y dosbarthiadau a drefnai a arweiniodd at gychwyn y gyfres hon.[94] Yng nghyfarfod y Bwrdd ar yr 2il o Fehefin y flwyddyn honno, felly, ystyriwyd rhestr a baratowyd ar eu cyfer o gyfrolau ac awduron arfaethedig yn y gyfres. Roedd cyfrolau ar feysydd academaidd cymharol newydd fel cymdeithaseg a 'meddyleg' yn rhan o'r gyfres o ddeg cyfrol hyn, ynghyd â llyfrau ar foeseg, addysg, economeg, a hanes Cymru. Ymhlith yr awduron a awgrymwyd roedd enwau fel A. H. Dodd, yr hanesydd o Goleg y Brifysgol ym Mangor, a David Phillips, prifathro goleuedig Coleg y Bala. Adlewyrchir cefndir a chynulleidfa ddewisedig y gyfres yn y ffaith i R. I. Aaron gyflwyno'i gyfrol yntau ar *Hanes Athroniaeth: o Descartes i Hegel* 'i aelodau fy nosbarthiadau allanol, Cwmllynfell 1926–1930, Felinfoel 1930–1932'.[95] Cyfrol Aaron oedd y ddeuddegfed i ymddangos yn y gyfres mewn cyfnod o lai na phum mlynedd, sy'n dangos pa mor gyflym y llwyddwyd i gwrdd â'r angen ar gyfer adnoddau o'r fath.

Erbyn i'w gampwaith ar athroniaeth fodern, llyfr sy'n parhau'n werthfawr tu hwnt heddiw, gael ei gyhoeddi ym 1932 roedd cyfrolau fel rhai R. T. Jenkins ar hanes Cymru yn y ddeunawfed ganrif ac un Iorwerth C. Peate, *Cymru a'i Phobl*, eisoes wedi gosod y gyfres ar seiliau cadarn ac wedi sicrhau ei phoblogrwydd ymhlith darllenwyr.[96] Gwnaeth J. R. Jones, er enghraifft, ddefnydd helaeth o gyfrol Aaron yn ystod ei gyfnod fel myfyriwr athroniaeth yn Aberystwyth, a cheir ambell sylw difyr ganddo ar ymyl y dudalen yn y copi a ddaeth i'w eiddo ym 1933. Tanlinellodd rannau o'r adrannau ar syniadau Kant a Hegel yn arbennig o drwm, ac yn y bennod ar athroniaeth Descartes etyb cwestiwn Aaron, a all yr unigolyn 'drwy ewyllysio fy ngorfodi fy hun i gredu unrhyw beth?' drwy nodi: 'Nid ewyllysio yn yr ystyr o orfodi fy hun i gredu peth na ddeallaf ond o *fethu* neu *beidio ymatal rhag* credu yr hyn ond gwir berffaith glir i mi'.[97] Yn nodiadau'r Bwrdd ar ddatblygiad y gyfres yn Ionawr 1928 cyn i'r gyfrol gyntaf gael ei chyhoeddi yn ddiweddarach y flwyddyn honno, nodir mai meithrin diddordeb y darllenydd mewn amrywiaeth o bynciau a thanio ei ddychymyg oedd ei nod: 'The fundamental objective to be aimed at throughout is the awakening of interest and the formation of a habit of mind rather than the imparting of a series of facts, however important they may be'.[98]

Llwyddodd y cyfrolau a gyhoeddwyd yn y gyfres hon hefyd i grynhoi'r ymchwil fanwl, arloesol ym meysydd hanes a llenyddiaeth Cymru y bu ysgolheigion fel Henry Lewis yn gyfrifol amdani yn negawdau cynnar yr ugeinfed ganrif mewn modd hylaw, dealladwy i gynulleidfa eang. Cydnebydd Griffith John Williams bwysigrwydd y gyfres yn hynny o beth yn ei adolygiad o gyfrol Lewis ar *Datblygiad yr Iaith Gymraeg*, y chweched yn y gyfres, i'r *Llenor* ym 1931. 'Ymdriniwyd â gwahanol agweddau ar y pwnc mewn llyfrau a chylchgronau,' meddai 'ond dyma'r waith gyntaf i neb geisio rhoddi'r wybodaeth a gasglwyd gan ysgolheigion Cymraeg yn ystod yr hanner can mlynedd diwethaf mewn llyfr y gallai'r darllenydd cyffredin a'r myfyriwr sy'n dechrau astudio'r iaith Gymraeg yn y Coleg ei ddeall a'i fwynhau.' Cyn hynny, bu prinder adnoddau addas i'w cynnig i fyfyrwyr Cymraeg yn broblem amlwg, ond bellach 'nid rhaid i neb achwyn mwyach am hyn' gan fod cyfrol Lewis yr un mor safonol ag unrhyw beth oedd ar gael i fyfyrwyr Saesneg neu Ffrangeg.[99]

Bu cyfrolau fel rhai Henry Lewis, R. I. Aaron ac R. T. Jenkins yng nghyfres 'Y Brifysgol a'r Werin' o gymorth amhrisiadwy i gynyddu gwerthiant llyfrau'r Wasg yn y 1930au cynnar. O ganlyniad, cynyddodd y cyfanswm a werthwyd ym 1932/33 i 20,265, ac roedd y stoc a gadwyd yng Nghofrestrfa'r Brifysgol ym Mharc Cathays, Caerdydd wedi codi i 93,797 o gyfrolau wedi eu rhwymo erbyn hynny.[100] Pwysleisiwyd yn rheolaidd, serch hynny, yng nghofnodion Bwrdd y Wasg mai darparu'r adnoddau angenrheidiol ar gyfer yr astudiaeth o bynciau trwy'r Gymraeg yn y Brifysgol oedd ei phrif nod, yn hytrach nag unrhyw gymhelliad ariannol. Roedd adroddiad a luniodd y Bwrdd Academaidd ym 1928 ar gyflwr astudiaethau Cymreig o fewn y Brifysgol wedi amlinellu'r anghenion hynny yn glir. Yn yr un flwyddyn, gofynnodd Bwrdd y Wasg am grant ychwanegol o Drysorlys y Wladwriaeth (*H. M. Treasury*) er mwyn cyhoeddi llyfrau Cymraeg i gwrdd â'r angen dros y pum mlynedd ddilynol. Lluniwyd rhestr o'r gweithiau arfaethedig mewn pum categori gyda chydweithrediad y Bwrdd Astudiaethau Celtaidd a fyddai'n cynrychioli 'a programme of work which, if carried out, would be epoch-making in its influence on Welsh culture and education'.[101]

Gweithiau yr oedd myfyrwyr a astudiai'r Gymraeg eu hangen ar frys oedd y categori cyntaf, gan gynnwys detholiad o waith y Gogynfeirdd ac argraffiadau beirniadol o Bedair Cainc y Mabinogi, y canu crefyddol cynnar, a'r Gododdin. Adargraffiadau o destunau clasurol Cymraeg fel *Llyfr y Tri Aderyn* (1653), *Drych y Prif Oesoedd* (1716) a *Gweledigaethau'r Bardd Cwsc* (1703) oedd yr ail gategori, a gweithiau cyffredinol ar hanes a daearyddiaeth Cymru oedd y trydydd, fel atlas hanesyddol i'w ddefnyddio mewn ysgolion. Llyfrau i'w defnyddio ym myd addysg oedolion ac mewn ysgolion oedd y ddau gategori olaf o'r rhestr. Derbyniwyd grant arbennig o £500 i'r diben hwn, ac yn y blynyddoedd dilynol cyhoeddwyd amryw o'r llyfrau perthnasol, megis golygiadau Stephen J. Williams o'r hen destunau *Ffordd y Brawd Odrig* ac *Ystoria de Carolo Magno*.[102] Nodir gyda boddhad yn adroddiad blynyddol 1931 bod y grant wedi galluogi'r Bwrdd 'to carry out a substantial portion of its programme but there still remains a great deal to be done, and the Board trusts that the Council will bear this in mind in allocating grants out of new money.' Dadleuir, ymhellach, na ellid disgrifio unrhyw o'r llyfrau a gyhoeddai'r Bwrdd fel 'best sellers', a bod rhaid bodloni o ganlyniad gyda ffigyrau gwerthiant cymharol fach ar eu cyfer, yn enwedig y rhai Cymraeg, 'which though indispensable for students are bought by very few outside the circle of University students'.[103]

Datblygiadau yn y 1930au a chyhoeddi ym meysydd newydd

Erbyn adroddiad blynyddol 1934, gallai'r Bwrdd gadarnhau bod gwaith y Wasg wedi parhau tuag at bedwar prif nod sef: cyhoeddi testunau Cymraeg ar gyfer defnydd myfyrwyr prifysgol; cyhoeddi llyfrau yn y Gymraeg ar gyfer y cyhoedd darllengar wedi'u modelu ar yr *Home University Library of Modern Knowledge*; cyhoeddi gweithiau ymchwil ym maes hanes Cymru; a chyhoeddi cyfeirlyfrau safonol ('readers') Cymraeg ar gyfer ysgolion.[104] Teimlai'r Bwrdd yn fodlon 'that its policy is a sound one, both from the University point of view, and from the point of view of the preservation of the Welsh language'.[105] Yn adroddiad blynyddol olaf cyfnod Gilbert Monmouth yn cadeirio'r Bwrdd ym 1939, cofnodwyd bod y Wasg wedi cyhoeddi dau gant a hanner o gyfrolau ers ei sefydlu bron i ddwy ddegawd ynghynt. Cyfarfu gant o weithiau dros y cyfnod hwnnw, ac W. J. Gruffydd a T. Franklin Sibly oedd yr unig ddau o'r saith a ddaeth at ei gilydd yn Llundain ym 1922 i barhau'n aelodau.[106] Yn wir, bu W. J. Gruffydd yn aelod o'r Bwrdd hyd ei farwolaeth ym 1953.

Datblygiad arall pwysig yn hanes y Wasg a welwyd yn y 1930au oedd penderfyniad ffurfiol y Bwrdd i ymestyn ei raglen gyhoeddi i gynnwys pynciau tu hwnt i rai Cymraeg a Chymreig yn unig. Fel y gwelwyd eisoes, roedd y Wasg wedi cyhoeddi ambell lyfr ym meysydd fel y Clasuron yn ystod y 1920au, ond canolbwyntiwyd y mwyafrif o'i hegni ar gyhoeddi llyfrau newydd ysgolheigaidd yn y Gymraeg ar lenyddiaeth a hanes Cymru, neu adargraffiadau o glasuron yr iaith. Ond o 1934 ymlaen, derbyniodd y Bwrdd grant ychwanegol o £100 y flwyddyn fel man cychwyn i gyhoeddi gweithiau ymchwil aelodau o staff Prifysgol Cymru ar bynciau eraill. Fel yr eglurir yn adroddiad blynyddol 1938, pan sefydlwyd y Wasg gyntaf, cyhoeddi ar bynciau Cymraeg a Chymreig oedd yr unig ddewis a wynebai, 'because if the Press Board did not accept responsibility for publishing works of research relating to Wales, no other body was likely to perform this work in its place'.[107] Ond roedd hynny wedi arwain at fwlch amlwg o ran cyhoeddi'r cyfan o'r ymchwil cyffrous a gynhyrchwyd o fewn Prifysgol Cymru: 'It was manifest, however, that the original work performed by members of the University was not confined to the field of Welsh or allied Celtic studies, and it was essential that arrangements should be made for its publication'.[108] Gwelir canlyniadau'r newid polisi hwn, a'r grant cysylltiedig a gynyddodd yn raddol yn ystod y 1930au, yn yr ystadegau ynglŷn â llyfrau'r Wasg a gofnodwyd yn adroddiad blynyddol cyntaf y 1950au.

Cyhoeddwyd 52 o lyfrau yn yr hanner degawd rhwng diwedd yr Ail Ryfel Byd a 1950, pymtheg ar hugain ohonynt yn y Gymraeg, deg yn Saesneg a saith yn ddwyieithog.[109] Cadarnhawyd yn adroddiad blynyddol cyntaf y cyfnod wedi'r Ail Ryfel Byd mai cyhoeddi ysgolheictod Cymraeg a Chymreig oedd prif flaenoriaeth y Wasg o hyd, gyda golwg i ehangu ei rhaglen ym meysydd eraill hefyd: 'The Board will continue with its policy of regarding the publication of works of scholarship relating to Wales as its special responsibility, and will also undertake, or assist, in greater measure, the publication of similar work in fields of study other than those relating to Wales.'[110]

O dan arweinyddiaeth fentrus Ifor L. Evans, felly, ymestynnodd y Wasg rychwant ei chyhoeddiadau i gynnwys llyfrau ar agweddau amrywiol o athroniaeth a chrefydd ddwyreiniol yn ogystal ag Ewropeaidd. Ym 1942, er enghraifft, cyhoeddwyd astudiaeth fer H. H. Rowley, a oedd yn ddarlithydd mewn crefydd gymharol ym Mangor, *Submission in Suffering: A Comparative Study of Eastern Thought*.[111] Rhyddhaodd y Wasg hefyd lyfrau ar athroniaeth Ffrengig ac Almaeneg modern, gan gynnwys cyfrolau Ronald Grimsley, aelod arall o staff darlithio Coleg y Brifysgol ym Mangor, ar waith Jean-Jacques Rousseau a syniadau'r dirfodwyr fel Jean-Paul Sartre a Gabriel Marcel pan oedd eu dylanwad yn ei anterth yn y 1950au.[112] Cyhoeddwyd llyfryn o'r enw *Detholiad o Lyfrau* yn catalogio'r mwyafrif o gyhoeddiadau'r Wasg dros y deg ar hugain mlynedd flaenorol wedi diwedd cyfnod Ifor L. Evans fel cadeirydd ym 1952, sy'n amlygu'r amrywiaeth a nodweddai ei rhaglen erbyn hynny. Ceir cyfrolau ar *Welsh Furniture* a *The English Theatre in Wales* ynghyd â chyfrolau ar *Hanes Canu Cynulleidfaol Cymru* a *Gwybod am Dduw*, llyfr diweddar yr athronydd Hywel D. Lewis yn cynnig 'cip ar rai o'r prif dueddiadau'r meddwl crefyddol heddiw'.[113] Bu'r Wasg yn gyfrifol hefyd am gyhoeddi cyfres o gyfieithiadau newydd o'r Ysgrythurau yn y Gymraeg, yn ogystal ag amrywiaeth o lyfrau ysgol fel Llyfrau Darllen Prifysgol Cymru, cyfres o Lyfrau Canu Newydd a llyfrau ar hwiangerddi ac alawon o Gymru.

Problemau

Rhag i'r drafodaeth hon roi darlun rhy unllygeidiog o flynyddoedd cynnar y Wasg fel cyfnod o dwf diwrthwynebiad, dylid nodi i'r Bwrdd ddatgan o'r cyfarfodydd cyntaf pa mor anodd oedd yr her ariannol a wynebai, ac i'r problemau cyllido hyn gael eu crybwyll yn rheolaidd trwy gydol y cyfnod dan sylw. Mynegodd asiant y Wasg, Ben Jones, ei rwystredigaeth ynglŷn ag amharodrwydd llyfrwerthwyr mawr fel W. H. Smith i werthu'r cyfrolau heb gymryd gostyngiad sylweddol, a cheir sawl apêl ar ran y Bwrdd yn ei adroddiadau blynyddol i Lys y Brifysgol gynyddu'r grant blynyddol a gynigiai i dalu'r costau uchel oedd ynghlwm wrth redeg cyhoeddwr academaidd.[114] Mor gynnar ag adroddiad 1923, felly, ceir y sylw canlynol: 'At present the work of the Board is restricted by lack of funds, and it is hoped that the present small grant of the University Council will be supplemented from other sources.'[115] Mae'n wir i'r grant hwn godi o £250 y flwyddyn i £500 ym 1925, ac eto i £1,000 erbyn diwedd 1936, ond ni fu'r cynnydd yn ddigonol i sicrhau nad oedd gwasgfa ariannol yn pwyso ar y Bwrdd trwy gydol y cyfnod wrth i gostau cyhoeddi gynyddu'n gydamserol.[116]

Gallai rhai o awduron mwyaf adnabyddus y Wasg hefyd leisio eu hanfodlonrwydd gyda'i safonau o dro i dro. Cawn argraff o gymeriad Gwenallt, a allai fod yn danllyd ar adegau, mewn llythyr a anfonodd y bardd mawr ac ysgolhaig at Fwrdd y Wasg ym 1952 wedi iddo dderbyn y proflenni diweddaraf o'i lyfr ar waith enwog Islwyn, 'Y Storm', yn rhyfeddu ynglŷn ag arafwch y broses. 'R wyf yn siomedig iawn na fyddai wedi dod o'r Wasg ymhell cyn hyn. Gresyn oedd rhoi'r gwaith i Wasg mor anfedrus.'[117] Golygai cyfrifoldebau mynych awduron eraill blaenllaw na allasent ateb galwadau'r Bwrdd am eu gwaith bob tro. Gorfu i Saunders Lewis ysgrifennu at gadeirydd y Bwrdd ym 1949 i wrthod ei gynnig iddo gyfieithu un o ddramâu Molière fel rhan o adfywio Cyfres y Werin: 'Diolch i chwi am eich llythyr ar ran Bwrdd y Wasg. Ond gan fod arnoch eisiau cyfieithiad o'r Molière yn *gynnar*, ofnaf na fedraf addo hynny, gan mai prin yw'r hamdden a ddyry fy ngwaith newyddiadurol imi.'[118] Tua'r un adeg, gwrthododd Emrys Evans, Is-Ganghellor Coleg y Brifysgol ym Mangor ar y pryd, gynnig y cadeirydd iddo baratoi cyfieithiad o'r *Odyseia*: 'I am very sorry, but I really cannot promise to "do" Homer. He has never been much up my street anyhow.'[119] Roedd wrthi'n gweithio beth bynnag ar ei gyfieithiad o waith Platon, *Y Wladwriaeth*, a gyhoeddodd y Wasg ym 1956, yn dilyn pedwar trosiad arall ganddo o weithiau'r athronydd Groegaidd.[120] Atebodd W. J. Gruffydd y cynnig i fod yn rhan o'r gyfres ar ei newydd wedd yn fwy gobeithiol, a chynigiodd gwrdd â'r cadeirydd yng ngwesty'r *Athenaeum* yn Llundain i drafod y mater ymhellach. Amheuai serch hynny a oedd teitl gwreiddiol y gyfres yn un addas: 'Ie, amser go obeithiol oedd hi pan ddechreuwyd Cyfres y Werin; ni fedrais erioed ddeall er hynny paham "y Werin". Mae arnaf ofn y bydd yn rhaid inni alw'r gyfres nesaf yn Gyfres yr Intelligentsia neu yn Gymraeg, *Cyfres y Cymry Deallus!*'[121]

Casgliad

Er gwaethaf yr anawsterau uchod, erbyn i Emrys Evans gymryd yr awenau fel cadeirydd y Bwrdd ym 1952, gydag Elwyn Davies fel ysgrifennydd ers ymddeoliad Jenkin James ym 1944, gallai deimlo'n hyderus yn gyffredinol bod y Wasg wedi sefydlu ei hun yn ddi-gwestiwn fel prif gyhoeddwr academaidd Cymru yn ystod hanner cyntaf yr ugeinfed ganrif.[122] Roedd yr hyder newydd yn eu Cymreictod a'r parodrwydd i'w arddangos ym mywyd academaidd a chyhoeddus y bu'r Wasg yn rhan bwysig o'i feithrin dros y cyfnod hwnnw yn amlwg yn sgyrsiau aelodau'r Bwrdd, yn ôl tystiolaeth T. H. Parry-Williams am flynyddoedd Emrys Evans wrth y llyw: 'Gŵr gwahanol iawn i'w ragflaenydd, hen law ar gadeirio, a hynny'n bwyllog oddefgar; gŵr cyfarwydd â chefndir llawer o'r pynciau a drafodid. Erbyn hyn, yn amlach na pheidio, yr oedd yr aelodau a fyddai'n bresennol, yn athrawon Cymraeg neu'n Gymraegwyr, a Chymraeg fyddai iaith y trafodaethau fel rheol.'[123] Aeth y Wasg ymlaen i gyhoeddi amrywiaeth o gyfrolau arloesol a hanfodol yn y Gymraeg ac ym meysydd academaidd eraill o'r 1950au hyd heddiw, gyda'r cyfarwyddwr cyntaf, R. Brinley Jones, yn cael ei apwyntio yn y 1960au hwyr a'r swyddfa gyntaf benodol ar gyfer ei defnydd yn cael ei hagor yn hen ardal dociau Caerdydd yn fuan wedi hynny. Fe'i ddilynwyd gan John Rhys, Ned Thomas, Susan Jenkins, Ashley Drake, Helgard Krause ac yn olaf, Natalie Williams, cyfarwyddwr cyfredol y Wasg. Yn 2018 dychwelodd y Wasg i'w chartref gwreiddiol yn adeilad Cofrestrfa'r Brifysgol ym Mharc Cathays, Caerdydd, man priodol iddi barhau'r gwaith arloesol o hybu a rhoi llwyfan i astudiaethau academaidd Cymraeg a Chymreig y bu sefydlu'r Brifysgol a'i chyhoeddwr yn rhan mor allweddol o'i ddatblygu a'i wireddu yn hanner cyntaf yr ugeinfed ganrif.

Nodiadau

[1] Gweler ysgrif Brynley F. Roberts, 'Scholarly Publishing, 1820–1922', yn Philip Henry Jones ac Eiluned Rees (goln), *A Nation and its Books: A History of the Book in Wales* (Aberystwyth: Llyfrgell Genedlaethol Cymru, 1998), tt. 221–36.

[2] Saunders Lewis, *Williams Pantycelyn* (Llundain: Foyle's, 1927); D. Miall Edwards, *Crefydd a Diwylliant* (Wrecsam: Hughes a'i Fab, 1934).

[3] Stephen J. Williams, 'Yr Athro (1)', *Y Llenor, Cyfrol Goffa William John Gruffydd* (1955), 24.

[4] Dyfynnwyd yn T. H. Parry-Williams, *Bwrdd Gwasg Prifysgol Cymru: Rhai Hen Atgofion* (Caerdydd: Gwasg Prifysgol Cymru, 1972), t. 9.

[5] Parry-Williams, *Bwrdd Gwasg Prifysgol Cymru*, t. 7.

[6] Parry-Williams, *Bwrdd Gwasg Prifysgol Cymru*, t. 8.

[7] Yn ddiweddarach yn ystod y cyfnod dan sylw, ymunodd ysgolheigion blaenllaw eraill fel J. E. Lloyd, J. R. Jones, Ifor Williams, Griffith John Williams, E. G. Bowen a Thomas Parry â'r Bwrdd. Gweler Helen Fulton, 'University of Wales Press', yn Jonathan Rose a Patricia J. Anderson (goln), *British Literary Publishing Houses, 1881–1965* (Llundain: Gale Research, 1991), tt. 330–333. Bu Lloyd Kenyon (1864–1927), 4ydd Arglwydd Kenyon, yn Ddirprwy-Ganghellor Prifysgol Cymru rhwng 1920 a 1927.

[8] Archif Gwasg Prifysgol Cymru, Cofrestrfa Prifysgol Cymru, Caerdydd (AGPC o hyn ymlaen). Cofnodion y Bwrdd, 6 Ionawr 1922.

[9] AGPC, Cofnodion y Bwrdd, 17 Chwefror 1922.

[10] AGPC, 'Preliminary Memorandum on the powers and duties of the University Press Board', Cofnodion y Bwrdd, 17 Chwefror 1922.

[11] AGPC, Cofnodion y Bwrdd, 17 Chwefror 1922.

[12] AGPC, 'Preliminary Memorandum'

[13] AGPC, 'Preliminary Memorandum'

[14] Thomas Roberts ac Ifor Williams, *The Poetical Works of Dafydd Nanmor* (Caerdydd: Gwasg Prifysgol Cymru, 1923). Seiliwyd y gwaith hwn ar ddraethawd MA Thomas Roberts a gyflwynodd i Goleg y Brifysgol ym Mangor ym 1909. Bu farw Roberts yn y Rhyfel Mawr ym 1918 a chafodd ei waith ei olygu a'i baratoi i'w gyhoeddi gan Ifor Williams.

[15] AGPC, Annual Report 1923.

[16] T. Gwynn Jones, *Gwaith Tudur Aled* (Caerdydd: Gwasg Prifysgol Cymru, 1926).

[17] AGPC, Cofnodion y Bwrdd, 18 Mehefin 1926.

[18] AGPC, Cofnodion y Bwrdd, 18 Chwefror 1926.

[19] AGPC, Cofnodion y Bwrdd, 20 Gorffennaf 1927.

[20] W. J. Gruffydd, *Math vab Mathonwy: an Inquiry into the Origins and Development of the Fourth Branch of the Mabinogi with the Text and a Translation* (Caerdydd: Gwasg Prifysgol Cymru, 1928); J. Lloyd-Jones, *Geirfa Barddoniaeth Gynnar Gymraeg* (Caerdydd: Gwasg Prifysgol Cymru, 1931).

[21] Cyhoeddwyd wythfed cyfrol wedi ei farwolaeth, ym 1963.

[22] Thomas Parry, 'John Lloyd-Jones, 1885–1956' yn y casgliad o'i erthyglau, *Amryw Bethau* (Dinbych: Gwasg Gee, 1996), t. 125.

[23] Kathleen Freeman, *The Work and Life of Solon: with a Translation of his Poems* (Caerdydd: Gwasg Prifysgol Cymru, 1926).

[24] AGPC, Annual Report 1926.

[25] G. Nesta Evans, *Social Life in Mid-Eighteenth Century Anglesey* (Caerdydd: Gwasg Prifysgol Cymru, 1936); *Religion and Politics in Mid-Eighteenth Century Anglesey* (Caerdydd: Gwasg Prifysgol Cymru, 1953).

[26] T. Hudson-Williams, *Early Greek Elegy: The Elegiac Fragments of Callinus, Archilochus, Mimnermus, Tyrtaeus, Solon, Xenophanes, & Others* (Caerdydd: Gwasg Prifysgol Cymru, 1926).

[27] AGPC, Cofnodion y Bwrdd, 6 Mai 1924.

[28] Robert Bridges, *The Spirit of Man: An Anthology in English and French from the Philosophers and Poets* (Llundain: Longmans Green & Co, 1916).

[29] AGPC, Cofnodion y Bwrdd, 6 Mai 1924.

[30] Henry Lewis, 'Yr Angof Mawr', *Y Llenor*, II/2 (Haf 1923), 122–3.

[31] AGPC, Cofnodion y Bwrdd, 28 Chwefror 1929. Nodir i Jones gychwyn yn ei swydd ym mis Awst 1928.

[32] AGPC, 28 Chwefror 1929.

[33] AGPC, 28 Chwefror 1929.

[34] AGPC, Cofnodion y Bwrdd, 5 Mehefin 1929.

[35] AGPC, Cofnodion y Bwrdd, 1 Tachwedd 1929.

[36] AGPC, Cofnodion y Bwrdd, 15 Gorffennaf 1930.

[37] AGPC, Cofnodion y Bwrdd, 20 Tachwedd 1936.

[38] AGPC, Cofnodion y Bwrdd, 30 Medi 1925.

[39] AGPC, Cofnodion y Bwrdd, 'Appendix I: A Series of World Classics in Welsh', 11 Tachwedd 1949. Ceir cyfieithiadau o waith Ibsen, Goethe, Gogol, Descartes, Schiller, Maupassant, Molière, Martin Luther ac eraill yn y gyfres wreiddiol.

[40] Parry-Williams, *Bwrdd Gwasg Prifysgol Cymru*, t. 14.

[41] Parry-Williams, *Bwrdd Gwasg Prifysgol Cymru*, t. 13.

[42] Gweler, er enghraifft, ysgrifau Alwyn D. Rees, *Adfeilion: Sylwadau ar Argyfwng ein Dyddiau Ni* (Llandybïe, 1943) a nofel fer, fentrus Kate Bosse-Griffiths, *Anesmwyth Hoen* (Llandybïe, 1941) yng nghyfres Llyfrau'r Dryw; dyddiadur rhyfel Caradog Prichard, *'R wyf innau'n filwr bychan* (Dinbych: Gwasg Gee, 1943) ac atgofion y heddychwr mawr George M. Ll. Davies, *Pererindod Heddwch* (Dinbych: Gwasg Gee, 1945) yng nghyfres Llyfrau Pawb; nofel arbennig Elena Puw Morgan, *Y Graith* (Aberystwyth, 1943) a chasgliad eclectig D. Tecwyn Lloyd, *Erthyglau Beirniadol* (Aberystwyth, 1946) yn y Clwb Llyfrau Cymreig.

[43] *Hwnt ac Yma* (Caerdydd: Gwasg Prifysgol Cymru, 1940), t. 5.

[44] D. Emrys Evans ac R. T. Jenkins (goln), *Llais Rhyddid* (Caerdydd: Gwasg Prifysgol Cymru, 1941), t. 6.

[45] *Y Flwyddyn yng Nghymru* (Caerdydd: Gwasg Prifysgol Cymru, 1943), t. 8.

[46] Stephen J. Williams a J. Enoch Powell, *Cyfreithiau Hywel Dda yn ôl Llyfr Blegywryd (Dull Dyfed): Argraffiad Beirniadol ac Eglurhaol* (Caerdydd: Gwasg Prifysgol Cymru, 1942).

[47] Stephen J. Williams, *Elfennau Gramadeg Cymraeg* (Caerdydd: Gwasg Prifysgol Cymru, 1959).

[48] Gweler yn arbennig Kevin Jackson, *Constellation of Genius, 1922: Modernism Year One* (Llundain: Hutchinson, 2012) ar gyfer arwyddocâd ehangach blwyddyn sefydlu'r Wasg. Ym maes athroniaeth, cyhoeddwyd llyfr chwyldroadol Ludwig Wittgenstein, *Tractatus Logico-Philosophicus* (Llundain: Kegan Paul, 1922) yn Saesneg ym 1922 hefyd, blwyddyn wedi'r fersiwn Almaeneg wreiddiol, *Logisch-Philosophische Abhandlung*. Ceir dadansoddiad meistrolgar o ddylanwad y cyhoeddiad hwn, ynghyd â digwyddiadau eraill y flwyddyn, yng nghyfrol Michael North, *Reading 1922: A Return to the Scene of the Modern* (Rhydychen: Oxford University Press, 1999).

[49] AGPC, Cofnodion y Bwrdd, 1 Mehefin 1927 a hefyd 2 Rhagfyr 1927.

[50] AGPC, Cofnodion y Bwrdd, 12 Chwefror 1935.

[51] 'Tudur Aled a'i Gyfnod', *Cymru*, LXXII/426 (Ionawr 1927), 1.

[52] 'Tudur Aled a'i Gyfnod', 3.

[53] John Morris-Jones, *Orgraff yr Iaith Gymraeg* (Caerdydd: Gwasg Prifysgol Cymru, 1928).

[54] *Y Traethodydd*, XVII (Ionawr 1929), 62.

55 T. J. Morgan, *Y Treigladau a'u Cystrawen* (Caerdydd: Gwasg Prifysgol Cymru, 1952); Henry Lewis, *Llawlyfr Llydaweg Canol: Argraffiad Newydd* (Caerdydd: Gwasg Prifysgol Cymru, 1935); Melville Richards, *Llawlyfr Hen Wyddeleg* (Caerdydd: Gwasg Prifysgol Cymru, 1935). Cyhoeddwyd yr argraffiad gwreiddiol o lyfr Henry Lewis gan gwmni Stephens a George, Aberdâr, ym 1922.
56 G. J. Williams, 'Pedeir Keinc y Mabinogi', *Y Traethodydd*, XIX (Ionawr 1931), 48.
57 'Pedeir Keinc y Mabinogi', 48.
58 Gweler Richard Wyn Jones, *Rhoi Cymru'n Gyntaf: Syniadaeth Plaid Cymru, Cyfrol 1* (Caerdydd: Gwasg Prifysgol Cymru, 2007) ar gyfer yr ymdriniaeth fwyaf deallus â hanes y Blaid.
59 Saunders Lewis, *Braslun o Hanes Llenyddiaeth Gymraeg: 1* (Caerdydd: Gwasg Prifysgol Cymru, 1932). Gweler hefyd T. Robin Chapman, *W. J. Gruffydd* (Caerdydd: Gwasg Prifysgol Cymru, 1993) ar gyfer hanes y frwydr dros etholaeth Prifysgol Cymru ym 1943, tt. 176–82.
60 G. J. Williams, *Iolo Morganwg: Y Gyfrol Gyntaf* (Caerdydd: Gwasg Prifysgol Cymru, 1956). Bu Williams farw ym 1963 cyn cwblhau ail gyfrol ar fywyd Iolo.
61 G. J. Williams a E. J. Jones, *Gramadegau'r Penceirddiaid* (Caerdydd: Gwasg Prifysgol Cymru, 1934); G. J. Williams, *Gramadeg Gruffydd Robert* (Caerdydd: Gwasg Prifysgol Cymru, 1939) a *Traddodiad Llenyddol Morgannwg* (Caerdydd: Gwasg Prifysgol Cymru, 1948).
62 T. H. Parry-Williams, *Carolau Richard White* (Caerdydd: Gwasg Prifysgol Cymru, 1931); *Llawysgrif Richard Morris o Gerddi* (Caerdydd: Gwasg Prifysgol Cymru, 1931); *Canu Rhydd Cynnar* (Caerdydd: Gwasg Prifysgol Cymru, 1932); (gyda Rhiannon Morris-Jones) *Llawysgrif Hendregadredd* (Caerdydd: Gwasg Prifysgol Cymru, 1933); *Elfennau Barddoniaeth* (Caerdydd: Gwasg Prifysgol Cymru, 1935); *Pedair Cainc y Mabinogi: Chwedlau Cymraeg Canol wedi eu Diweddaru* (Caerdydd: Gwasg Prifysgol Cymru, 1937). Gweler hefyd ysgrif Thomas Jones, 'Yr Ysgolhaig', yn Idris Foster (gol.), *Cyfrol Deyrnged Syr Thomas Parry-Williams* (Gwasg Gomer: Llandysul, 1967), tt. 93–4. Dywed Jones am Lawysgrif Hendregadredd iddi fod ar goll am gyfnod hir 'nes ei darganfod ym mis Tachwedd 1910 mewn hen wardrop yn Hendregadredd, ger Porthmadog'.
63 AGPC, Annual Report 1936.
64 AGPC, Cofnodion y Bwrdd, 6 Hydref 1936.
65 S. Gwilly Davies, *Byd Busnes* (Caerdydd: Gwasg Prifysgol Cymru, 1938).
66 *Y Llenor*, XVII/4 (Gaeaf 1938), 252.
67 Rhiannon Davies a Mansel Davies, *Hanes Datblygiad Gwyddoniaeth* (Caerdydd: Gwasg Prifysgol Cymru, 1948).

68 Mansel Davies, *A Scientist Looks at Buddhism* (Lewes: The Book Guild, 1990).
69 *Lleufer*, VI/2 (Haf 1950), 98–9.
70 *Lleufer*, 99.
71 Gwilym Owen, *Mawr a Bach: sef Sêr ac Electronau* (Caerdydd: Gwasg Prifysgol Cymru, 1936). Datblygodd y gyfrol hon o gyfres o sgyrsiau radio a gyflwynodd yr awdur.
72 AGPC, Annual Report 1937.
73 Richard Owen Davies, *Elfennau Cemeg* (Caerdydd: Gwasg Prifysgol Cymru, 1937).
74 Davies, *Elfennau Cemeg*, t. v.
75 Owen, *Mawr a Bach*, t. 7.
76 Owen, *Mawr a Bach*, t. 43.
77 Owen, *Mawr a Bach*, t. 10.
78 *Efrydiau Athronyddol*, I (1938). Roedd athronwyr ac ysgolheigion blaenllaw fel J. R. Jones, Hywel D. Lewis, David Phillips ac Idwal Jones ymhlith yr awduron a gafodd lwyfan i'w gwaith yn y Gymraeg trwy'r cyfnodolyn newydd.
79 J. J. Jones, 'Y Buddha a phroblem y drwg', *Efrydiau Athronyddol*, IV (1941), 45–62; a 'Dharma a Logos', *Efrydiau Athronyddol*, IX (1946), 3–18.
80 AGPC, 'Memorandum on the question of issuing a series of cheap reprints of Welsh classics', Cofnodion y Bwrdd, 13 Ebrill 1937.
81 R. T. Jenkins, *Hanes Cymru yn y Ddeunawfed Ganrif* (Caerdydd: Gwasg Prifysgol Cymru, 1928); *Hanes Cymru yn y Bedwaredd Ganrif ar Bymtheg: Y Gyfrol Gyntaf (1789–1843)* (Caerdydd: Gwasg Prifysgol Cymru, 1933).
82 AGPC, Cofnodion y Bwrdd, 5 Mehefin 1929.
83 R. T. Jenkins, *Edrych yn Ôl* (Llundain: Clwb Llyfrau Cymraeg Llundain, 1968), t. 262.
84 Jenkins, *Edrych yn Ôl*, t. 262. Datgelir hefyd mai awdur arall a ddewiswyd i lunio cyfrol ar y ddeunawfed ganrif yn wreiddiol, sef J. R. Gabriel, hanesydd o Gaerllion, gyda Jenkins i ganolbwyntio ar y bedwaredd ganrif ar bymtheg. Wedi iddynt flino aros am lawysgrif, gofynnodd y pwyllgor a oedd yn gyfrifol am y gyfres newydd iddo ysgwyddo'r baich yn lle Gabriel er na 'wyddwn *ddim* am y ddeunawfed'. Bu'r straen o drwytho'i hun ar frys yn y cyfnod er mwyn ysgrifennu'r gyfrol ychwanegol yn ddigon i'w arwain yn agos at '*nervous breakdown*' pan gyflwynodd y gwaith i Jenkin James, ysgrifennydd Bwrdd y Wasg ar y pryd, 'Gweithias yn galed – yn *rhy* galed, nes fy ngyrru fy hunan i lesgedd mawr; ac yn Eisteddfod Treorci yn Awst 1928 cwympais yn gelain ar yr heol!', tt. 262–3.
85 *Y Traethodydd*, XVII (Ionawr 1929), 188.

[86] Gweler Hazel Walford Davies, *O. M.: Cofiant Syr Owen Morgan Edwards* (Llandysul: Gwasg Gomer, 2020) ar gyfer hanes cychwyn 'Cyfres y Fil' ym 1902, tt. 543–5.
[87] AGPC, Cofnodion y Bwrdd, 13 Ebrill 1937.
[88] AGPC, 13 Ebrill 1937.
[89] AGPC, 13 Ebrill 1937.
[90] AGPC, Cofnodion y Bwrdd, 25 Tachwedd 1938.
[91] AGPC, Annual Report 1950.
[92] *Y Llenor*, XXVII/4 (Gwanwyn 1948), 195.
[93] AGPC, Annual Report 1950.
[94] AGPC, Cofnodion y Bwrdd, 1 Mehefin 1927.
[95] R. I. Aaron, *Hanes Athroniaeth: o Descartes i Hegel* (Caerdydd: Gwasg Prifysgol Cymru, 1932).
[96] Iorwerth C. Peate, *Cymru a'i Phobl* (Caerdydd: Gwasg Prifysgol Cymru, 1931).
[97] Copi personol J. R. Jones o Aaron, *Hanes Athroniaeth*, t. 14. Ceir llofnod yr athronydd ifanc o Bwllheli ym mlaen y llyfr wedi'i ddyddio Mehefin 1933.
[98] AGPC, Cofnodion y Bwrdd, 30 Ionawr 1928.
[99] *Y Llenor*, X/2 (Gwanwyn 1931), 126–8.
[100] AGPC, Annual Report 1933.
[101] AGPC, Cofnodion y Bwrdd, 30 Ionawr 1928.
[102] Stephen J. Williams, *Ffordd y Brawd Odrig: o Lawysgrif Llanstephan 2* (Caerdydd: Gwasg Prifysgol Cymru, 1929), ac *Ystorya de Carolo Magno: o Lyfr Coch Hergest* (Caerdydd: Gwasg Prifysgol Cymru, 1930).
[103] AGPC, Cofnodion y Bwrdd, 12 Chwefror 1931.
[104] Cyhoeddwyd yr *Home University Library of Modern Knowledge* gan gwmni Williams and Norgate yn Llundain o 1911 ymlaen.
[105] AGPC, Annual Report 1934.
[106] AGPC, Annual Report 1939.
[107] AGPC, Annual Report 1938.
[108] AGPC, Annual Report 1938.
[109] AGPC, Annual Report 1950.
[110] AGPC, Annual Report 1946.
[111] H. H. Rowley, *Submission in Suffering: A Comparative Study of Eastern Thought* (Caerdydd: Gwasg Prifysgol Cymru, 1942). Ceir adolygiad canmoliaethus o'r llyfryn hwn yn *Y Traethodydd*, XCVIII (Ebrill 1943), 89–90.
[112] Ronald Grimsley, *Existentialist Thought* (Caerdydd: Gwasg Prifysgol Cymru, 1955), a *Jean-Jacques Rousseau: A Study in Self-Awareness* (Caerdydd: Gwasg Prifysgol Cymru, 1961).
[113] *Detholiad o Lyfrau* (Caerdydd: Gwasg Prifysgol Cymru, 1953). L. Twiston-Davies a H. J. Lloyd-Johnes, *Welsh Furniture: An Introduction* (Caerdydd:

Gwasg Prifysgol Cymru, 1950); Cecil Price, *The English Theatre in Wales* (Caerdydd: Gwasg Prifysgol Cymru, 1948); R. D. Griffith, *Hanes Canu Cynulleidfaol Cymru* (Caerdydd: Gwasg Prifysgol Cymru, 1948); Hywel D. Lewis, *Gwybod am Dduw* (Caerdydd: Gwasg Prifysgol Cymru, 1952).

[114] AGPC, Cofnodion y Bwrdd, 5 Mehefin 1929.

[115] AGPC, Annual Report 1923.

[116] AGPC, Annual Report 1936.

[117] AGPC, Llythyr Gwenallt at Elwyn Davies, 6 Mai 1954. D. Gwenallt Jones, *Y Storm: Dwy Gerdd gan Islwyn* (Caerdydd: Gwasg Prifysgol Cymru, 1954). Rhai blynyddoedd ynghynt, cyhoeddodd y Wasg *Blodeugerdd o'r Ddeunawfed Ganrif* (Caerdydd: Gwasg Prifysgol Cymru, 1936), a adargraffwyd sawl tro.

[118] AGPC, Ffeil Cyfres y Werin, Llythyr Saunders Lewis at Ifor L. Evans, 22 Tachwedd 1949.

[119] AGPC, Ffeil Cyfres y Werin, Llythyr Emrys Evans at Ifor L. Evans, 16 Tachwedd 1949.

[120] D. Emrys Evans, *Y Wladwriaeth* (Caerdydd: Gwasg Prifysgol Cymru, 1956). Cyn hynny cyhoeddodd y Wasg ei gyfieithiadau o *Amddiffyniad Socrates* (1936), *Phaedon* (1938), *Ewthuffron* (1943), *Criton* (1943) a *Gorgias* (1946).

[121] AGPC, Ffeil Cyfres y Werin, Llythyr W. J. Gruffydd at Ifor L. Evans, 16 Tachwedd 1949.

[122] Fe'i olynwyd fel cadeirydd Bwrdd y Wasg ym 1958 gan Yr Athro Thomas Parry, awdur dwy o'r cyfrolau pwysicaf i'r Wasg gyhoeddi yn ystod y 1940au a'r 1950au cynnar, sef ei gampwaith *Hanes Llenyddiaeth Gymraeg Hyd 1900* (Caerdydd: Gwasg Prifysgol Cymru, 1944) a'i gasgliad cynhwysfawr, *Gwaith Dafydd ap Gwilym* (Caerdydd: Gwasg Prifysgol Cymru, 1952). Nodwyd yn adroddiad blynyddol y Bwrdd y flwyddyn honno mai dyma'r 'first complete edition of Dafydd ap Gwilym's work to be published for over 150 years, and the first in which the principles of modern literary criticism have been applied'. Bu yn y gadair nes 1969. Goronwy Daniel oedd y cadeirydd nesaf, rhwng 1969 a 1979.

[123] Parry-Williams, *Bwrdd Gwasg Prifysgol Cymru*, t. 15.

Atodiad

Cronoleg o ddyddiadau a chyhoeddiadau allweddol yn hanes Gwasg Prifysgol Cymru

1918 Comisiwn Haldane yn argymell sefydlu gwasg prifysgol ar gyfer Cymru

1919 Sefydlu Bwrdd Gwybodau Celtaidd, Prifysgol Cymru

1922 Bwrdd y Wasg yn cyfarfod am y tro cyntaf yn Llundain ar y 6ed o Ionawr

1923 Thomas Roberts ac Ifor Williams, *The Poetical Works of Dafydd Nanmor*

1926 Kathleen Freeman, *The Works and Life of Solon*
T. Gwynn Jones, *Gwaith Tudur Aled*

1928 R. T. Jenkins, *Hanes Cymru yn y Ddeunawfed Ganrif* (y llyfr cyntaf yng nghyfres 'Y Brifysgol a'r Werin')
John Morris-Jones, *Orgraff yr Iaith Gymraeg*

1930 Ifor Williams, *Pedeir Keinc y Mabinogi*

1931 W. J. Gruffydd, *Y Flodeugerdd Gymraeg*

1932 R. I. Aaron, *Hanes Athroniaeth: o Descartes i Hegel*
Saunders Lewis, *Braslun o Hanes Llenyddiaeth Gymraeg*
T. H. Parry-Williams, *Canu Rhydd Cynnar*

1933 T. H. Parry-Williams a Rhiannon Morris-Jones (goln), *Llawysgrif Hendregadredd*

1935 Ifor Williams, *Canu Llywarch Hen* (dilynwyd gan *Canu Aneirin* (1938) a *Canu Taliesin* (1960)

1936 D. Gwenallt Jones, *Blodeugerdd o'r Ddeunawfed Ganrif*

1938 Cychwyn *Efrydiau Athronyddol*, y cyfnodolyn cyntaf ar athroniaeth yn y Gymraeg.

1942 Henry Lewis (gol.), *Brut Dingestow*

1944 Thomas Parry, *Hanes Llenyddiaeth Gymraeg Hyd 1900*

1950 Cyhoeddi rhifyn cyntaf y cyfnodolyn *Llên Cymru*
Alwyn D. Rees, *Life in a Welsh Countryside*
Rhan gyntaf *Geiriadur Prifysgol Cymru* yn cael ei chyhoeddi

1952 Thomas Parry, *Gwaith Dafydd ap Gwilym*

Er 1953, mae Gwasg Prifysgol Cymru wedi parhau i gyhoeddi amrywiaeth o lyfrau a chyfnodolion ym maes astudiaethau Cymreig a Cheltaidd, ynghyd ag ystod o feysydd eraill yn y dyniaethau a'r gwyddorau cymdeithasol, gan ehangu ei awduron a darllenwyr ledled y byd. Yn ystod ei chanmlwyddiant, lledaenodd y Wasg ei rhaglen gyhoeddi i'r byd addysg, ac ymunodd â'r farchnad fyd-eang ar gyfer ffuglen greadigol trwy greu gwasgnod newydd Calon. Ceir rhestr gyflawn o'r cyhoeddiadau diweddaraf ar wefan Gwasg Prifysgol Cymru.

Mynegai

Aaron, R. I. 12, 22, 26, 27, 38, 41
Adran Efrydiau Allanol Prifysgol Cymru 3, 20–1, 26
Adroddiad Comisiwn Haldane 2–4, 41
Aled, Tudur 6, 16, 41
Amgueddfa Genedlaethol Cymru 2
Amwythig 13
ap Iwan, Emrys 14
Archaeologia Cambrensis 6
Ashton, Glyn 25
Astudiaethau Celtaidd 2, 4, 29

Ballinger, John 4, 11
Bebb, Ambrose 17
Berdyaev, Nicolas 22
Bergson, Henri 14
Bosse-Griffiths, Kate 35
Bridges, Robert 8
Bwdhaeth 20, 22
Bwrdd Gwasg Prifysgol Cymru 1, 2, 4–6, 8, 9, 10, 12–13, 14–15, 16, 18, 19, 23, 24–6, 28, 29–30, 31–2, 33, 39, 41
Bwrdd Gwybodau Celtaidd Prifysgol Cymru 2, 4, 8, 17, 28, 41
Byd Busnes (S. Gwilly Davies) 20

Canu Aneirin (Ifor Williams) 6, 42
Canu Llywarch Hen (Ifor Williams) 6, 42
Canu Taliesin (Ifor Williams) 6, 42
Clarendon Press 5
Clwb Llyfrau Cymreig, Y 13, 35
Cofrestrfa Prifysgol Cymru, Caerdydd 4, 27, 33
Coleg y Bala 26
Coleg Prifysgol Cymru Abertawe 4
Coleg Prifysgol Cymru Aberystwyth 4, 5, 12, 13, 16, 21, 22
Coleg Prifysgol Cymru Bangor 8, 26, 30, 31, 34
Coleg Prifysgol Cymru Caerdydd 7
Coleg Somerville, Rhydychen 4
Cyfreithiau Hywel Dda (Stephen J. Williams a J. Enoch Powell) 15
Cymdeithas Addysg y Gweithwyr 3, 20–1
Cymdeithas Alawon Gwerin Cymru 5
Cyfres y Brifysgol a'r Werin 11, 16, 20–1, 23, 24, 25–7, 41
Cyfres y Fil 23–4, 38
Cyfres y Werin 11, 31–2, 35, 39
Cyfres Llyfrau Deunaw 25
Cymru a'i Phobl (Iorwerth C. Peate) 26

Dafydd Nanmor 6

Daniel, Goronwy 39
Datblygiad yr Iaith Gymraeg (Henry Lewis) 27
Davies, Alun Talfan 13
Davies, Aneirin Talfan 13
Davies, Cassie 17
Davies, Elwyn 32, 39
Davies, George M. Ll. 35
Davies, J. H. 4
Davies, Mansel 20–1
Davies, Rhiannon 20–1
Davies, Richard Owen 21
Davies, S. Gwilly 20
Dent, J. M. 24
Descartes, René 26
Dirfodaeth 30
Dodd, A. H. 26
Drych y Prif Oeoesdd 2, 28 (Theophilus Evans)

Early Greek Elegy (T. Hudson-Williams) 8
Edwards, D. Miall 2
Edwards, O. M. 4, 23, 38
Efrydiau Athronyddol 22, 37, 42
Eisteddfod Genedlaethol Cymru 5, 10, 37
Elfennau Barddoniaeth (T. H. Parry-Williams) 19
Elfennau Cemeg (Richard Owen Davies) 21
Elfennau Gramadeg Cymraeg (Stephen J. Williams) 15
Eliot, T. S. 15
Ellis, I. Elfyn 20
Evans, Christmas 25
Evans, Emrys 14, 31–2, 39
Evans, Ifor L. 11–14, 30
Evans, Nesta 8, 34
Evans, Theophilus 2

Flwyddyn yng Nghymru, Y 14
Freeman, Kathleen 7–8, 41
Foulkes, Isaac 23
Foyle's 2

Gabriel, J. R. 37
Geirfa Barddoniaeth Gynnar Gymraeg (J. Lloyd-Jones) 7
Geiriadur Prifysgol Cymru 17, 42
Gramadegau'r Penceirddiaid (G. J. Williams a E. J. Jones) 19
Grimsley, Ronald 30
Gruffydd, Elwyn 11
Gruffydd, W. J. 4, 7, 8, 12, 15, 18, 22, 29, 32, 36, 41
Guest, Charlotte 5
Gwasg Aberystwyth 13
Gwasg y Brython 2
Gwasg Gee 13, 35
Gwasg Gomer 5
Gwasg Prifysgol Rhydychen 11
Gweledigaethau'r Bardd Cwsc (Ellis Wynne) 28
Gŵyl Lyfrau Cymru 11

Hanes Athroniaeth: o Descartes i Hegel (R. I. Aaron) 26, 38, 41
Hanes Cristionogaeth (Isaac Thomas) 21
Hanes Cymru yn y Ddeunawfed Ganrif (R. T. Jenkins) 11, 23, 26, 37
Hanes Datblygiad Gwyddoniaeth (Rhiannon Davies a Mansel Davies) 20
Home University Library of Modern Knowledge 9, 29, 38
Hudson-Williams, T. 8
Hughes a'i Fab 2, 5, 12, 23
Hughes, Garfield 25
Hwnt ac Yma 14

Islwyn (William Thomas) 25, 31

James, Jenkin 4, 32, 37
Jarvis & Foster 2
Jenkins, R. T. 11–12, 14, 22–5, 26, 27, 37, 41
Jones, Ben 10–11, 31
Jones, D. Gwenallt 31, 39, 42

Jones, Evan J. 18
Jones, Gwenan 16
Jones, Henry 4
Jones, Idwal 16, 37
Jones, J. J. 22
Jones, J. R. 26, 37
Jones, R. Brinley 32
Jones, T. Gwynn 6, 16, 41
Joyce, Gilbert 11, 29
Joyce, James 15

Kenyon, Lloyd (Y 4ydd Arglwydd Kenyon) 4, 33

Lewis, E. A. 13
Lewis, Henry 7, 8, 9, 12, 17, 27, 42
Lewis, Hywel D. 30
Lewis, Saunders 2, 18, 31, 36
Lloyd, D. Myrddin 25
Lloyd, D. Tecwyn 13, 35
Lloyd-Jones, J. 7, 34

Llais Rhyddid 14
Llawysgrif Hendregadredd 19, 36, 41
Llenor, Y 9, 15, 20
Lleufer 20–1
Llyfr y Tri Aderyn (Morgan Llwyd) 28
Llyfrau'r Dryw 13, 35
Llyfrau Pawb 35
Llyfrgell Genedlaethol Cymru 2, 3, 7
Llwyd, Morgan 2, 23

MacMillan and Co. 5
Marcel, Gabriel 30
Mawr a Bach: sef Sêr ac Electronau (Gwilym Owen) 21, 37
Milford, Humphrey 5
Mill, John Stuart 14
Moderniaeth 15–16, 35
Modernrwydd 15
Morgan, Elena Puw 13
Morgan, T. J. 17, 20

Morganwg, Iolo (Edward Williams) 14, 19, 36
Morris-Jones, John 4–5, 8, 17
Morris-Jones, Rhiannon 19, 36, 41
Mudiad yr Ysgolion Sir 5

Orgraff yr Iaith Gymraeg (John Morris-Jones) 17
Owen, Gwilym 21, 37

Parry, Thomas 7, 25, 39, 42
Parry-Williams, T. H. 4, 12–13, 16, 19–20, 21–2, 32, 36, 41
Patrwm y Gwir Gristion 2
Peate, Iorwerth C. 14, 26
Pedeir Keinc y Mabinogi (Ifor Williams) 17
Pelican Books 25
Penguin Books 9, 25
Penrose, Emily 4
Phillips, David 26, 37
Plaid Genedlaethol Cymru 18, 36
Platon 14, 32
Poetical Works of Dafydd Nanmor, The (Thomas Roberts ac Ifor Williams) 6, 34, 41
Powell, Enoch 15
Powell, S. M. 18
Prichard, Caradog 25
Prifysgol Tokyo 11

Rees, Alwyn D. 35, 42
Richards, Melville 17
Robert, Gruffydd 19
Roberts, Samuel (S.R.) 14
Roberts, Thomas 6, 34
Rousseau, Jean-Jacques 30
Rowley, H. H. 30

Sartre, Jean-Paul 30
Seicdreiddiad 16
Sibly, T. Franklin 4, 29
Spirit of Man, The (Robert Bridges) 8
Spurrell 23

Submission in Suffering (H. H. Rowley) 30

Thomas, David 21
Thomas, Isaac, 21
Thoreau, Henry David 14
Traethodydd, Y 15, 17, 23, 38
Treigladau a'u Cystrawen, Y (T. J. Morgan) 17
Trow, A. H. 4

Ulysees (James Joyce) 15
Urdd Gobaith Cymru 10
Urdd Graddedigion Prifysgol Cymru 2, 4

Voltaire 14

Wasteland, The (T. S. Eliot) 15
Williams, Elizabeth 18
Williams, G. J. (Griffith John), 12, 17–18, 27, 33, 36
Williams, Ifor 6, 12, 33, 34, 42
Williams Pantycelyn (Saunders Lewis) 2
Williams, Stephen J. 2–3, 15, 28
Wittgenstein, Ludwig 35
Work and Life of Solon, The (Kathleen Freeman) 7–8, 41
Wynne, Ellis 23

Yny lhyvyr hwnn 2
Ysgol Sir Tregaron 17

University of Wales Dictionary 17, 40
University of Wales Extra Mural Department 3, 20–1, 25
University of Wales Guild of Graduates 2, 4
University of Wales Press Board 1, 2, 4–6, 8, 9, 10, 12–13, 14–15, 16, 18, 19, 22–3, 24–6, 28, 29–30, 31–2, 33, 38, 39
University of Wales Registry, Cardiff 4, 27, 32
Urdd Gobaith Cymru 10

Voltaire 14

Wasteland, The (T. S. Eliot) 15
Welsh Book Club, The *(Y Clwb Llyfrau Cymreig)* 13, 34
Welsh Books Festival 10–11
Welsh Folk Song Society, The 5
Welsh National Party, The *(Plaid Genedlaethol Cymru)* 18, 35
Welsh Workers Educational Association 3, 20–1
Williams, Elizabeth 18
Williams, G. J. (Griffith John), 12, 17–18, 26, 33, 35
Williams, Ifor 6, 12, 33, 40
Williams Pantycelyn (Saunders Lewis) 2
Williams, Stephen J. 14, 27
Wittgenstein, Ludwig 35

Work and Life of Solon, The (Kathleen Freeman) 7–8, 39
Wynne, Ellis 23

Yny lhyvyr hwnn 2

Index

Llyfrau Pawb (Books for Everyone) 34
Llwyd, Morgan 2, 23

MacMillan and Co. 6
Marcel, Gabriel 30
Mawr a Bach: sef Sêr ac Electronau (Gwilym Owen) 21, 36
Milford, Humphrey 5
Mill, John Stuart 14
Modernism 15–16, 35
Modernity 15
Morgan, Elena Puw 13
Morgan, T. J. 17, 19
Morganwg, Iolo (Edward Williams) 14, 18, 35
Morris-Jones, John 4–5, 8, 16
Morris-Jones, Rhiannon 19, 36, 39

National Eisteddfod of Wales 5, 10, 37
National Library of Wales 3, 4, 7
National Museum of Wales 3

Orgraff yr Iaith Gymraeg (John Morris-Jones) 16–17
Owen, Gwilym 21, 36
Oxford University Press 11

Parry, Thomas 25, 38, 40
Parry-Williams, T. H. 4, 12–13, 16, 18–19, 21, 32, 36, 39
Patrwm y Gwir Gristion 2
Peate, Iorwerth C. 14, 26
Pedeir Keinc y Mabinogi (Ifor Williams) 17
Pelican Books 24
Penguin Books 9, 24
Penrose, Emily 4
Phillips, David 26, 36
Plato 14, 31
Poetical Works of Dafydd Nanmor, The (Thomas Roberts and Ifor Williams) 6, 33, 39

Powell, Enoch 14
Powell, S. M. 17
Prichard, Caradog 34
psychoanalysis 15

Rees, Alwyn D. 34, 40
Richards, Melville 17
Robert, Gruffydd 18
Roberts, Thomas 6, 33
Rousseau, Jean-Jacques 30
Rowley, H. H. 29

Sartre, Jean-Paul 30
Shrewsbury 12–13
Sibly, T. Franklin 4, 28
Somerville College, Oxford 4
Spirit of Man, The (Robert Bridges) 8
Spurrell 23
Submission in Suffering (H. H. Rowley) 29

Thomas, David 20
Thomas, Isaac, 20
Thoreau, Henry David 14
Traethodydd, Y 15, 23, 37
Treigladau a'u Cystrawen, Y (T. J. Morgan) 17
Tregaron County School 17
Trow, A. H. 4

Ulysees (James Joyce) 15
University of Tokyo, The 11
University of Wales Board of Celtic Studies 2, 4, 8, 17, 27, 39
University of Wales College Aberystwyth 4, 5, 12, 15, 21, 22
University of Wales College Bangor 8, 25, 29, 30, 33
University of Wales College Cardiff 7
University of Wales College Swansea 4

Evans, Emrys 14, 31–2, 38
Evans, Ifor L. 11–14, 29–30
Evans, Nesta 8, 34
Evans, Theophilus 2
Existentialism 30

Flwyddyn yng Nghymru, Y 14
Freeman, Kathleen 7–8, 39
Foulkes, Isaac 23
Foyle's 2

Gabriel, J. R. 37
Geirfa Barddoniaeth Gynnar Gymraeg (J. Lloyd-Jones) 7
Gramadegau'r Penceirddiaid (G. J. Williams and E. J. Jones) 18
Grimsley, Ronald 29–30
Gruffydd, Elwyn 11
Gruffydd, W. J. 4, 7, 8, 12, 15, 18, 22, 28, 31, 35, 39
Guest, Charlotte 5
Gwasg Aberystwyth 13
Gwasg y Brython 2
Gwasg Gee 13, 34
Gwasg Gomer 5
Gweledigaethau'r Bardd Cwsc (Ellis Wynne) 27

Haldane Commission Report, The 2–4, 39
Hanes Athroniaeth: o Descartes i Hegel (R. I. Aaron) 26, 37, 39
Hanes Cristionogaeth (Isaac Thomas) 20
Hanes Cymru yn y Ddeunawfed Ganrif (R. T. Jenkins) 10, 22–3, 26, 37
Hanes Datblygiad Gwyddoniaeth (Rhiannon Davies and Mansel Davies) 20
Hendregadredd Manuscript 19, 36, 39
Home University Library of Modern Knowledge 9, 28, 37
Hudson-Williams, T. 8

Hughes a'i Fab 2, 5, 12, 23
Hughes, Garfield 25
Hwnt ac Yma 13

Islwyn (William Thomas) 25, 31

James, Jenkin 4, 32, 37
Jarvis & Foster 2
Jenkins, R. T. 10, 14, 22–4, 26, 27, 37, 39
Jones, Ben 9–11, 30
Jones, D. Gwenallt 31, 38, 40
Jones, Evan J. 18
Jones, Gwenan 15
Jones, Henry 4
Jones, Idwal 15, 36
Jones, J. J. 22
Jones, J. R. 26, 36
Jones, R. Brinley 32
Jones, T. Gwynn 6, 16, 39
Joyce, Gilbert 11, 28
Joyce, James 15

Kenyon, Lloyd (The 4th Lord Kenyon) 4

Lewis, E. A. 12
Lewis, Henry 7, 8, 9, 11–12, 17, 27, 40
Lewis, Hywel D. 30
Lewis, Saunders 2, 18, 31, 35
Lloyd, D. Myrddin 25
Lloyd, D. Tecwyn 13, 34
Lloyd-Jones, J. 7, 33

Llais Rhyddid 14
Llenor, Y 9, 15, 19
Lleufer 20
Llyfr y Tri Aderyn (Morgan Llwyd) 27
Llyfrau'r Dryw (Wren Books) 13, 34

Index

Aaron, R. I. 12, 22, 26, 27, 37, 39
Aled, Tudur 6, 16, 39
ap Iwan, Emrys 14
Archaeologia Cambrensis 6
Ashton, Glyn 25

Bala College 26
Ballinger, John 4, 11
Bebb, Ambrose 17
Berdyaev, Nicolas 22
Bergson, Henri 14
Bosse-Griffiths, Kate 34
Bridges, Robert 8
Buddhism 20, 22
Byd Busnes (S. Gwilly Davies) 19

Canu Aneirin (Ifor Williams) 6, 40
Canu Llywarch Hen (Ifor Williams) 6, 40
Canu Taliesin (Ifor Williams) 6, 40
Celtic Studies 2, 4, 29
Clarendon Press 5
County Schools Association, The 5
Cyfreithiau Hywel Dda (Stephen J. Williams a J. Enoch Powell) 14
Cyfres Y Brifysgol a'r Werin 10, 15, 20–1, 22–3, 25–7, 39
Cyfres y Fil 23, 37
Cyfres y Werin 11, 31–2, 34, 38
Cyfres Llyfrau Deunaw 24–5
Cymru a'i Phobl (Iorwerth C. Peate) 26

Dafydd Nanmor 6
Daniel, Goronwy 38
Datblygiad yr Iaith Gymraeg (Henry Lewis) 26
Davies, Alun Talfan 13
Davies, Aneirin Talfan 13
Davies, Cassie 17
Davies, Elwyn 32, 38
Davies, George M. Ll. 34
Davies, J. H. 4
Davies, Mansel 20–1
Davies, Rhiannon 20–1
Davies, Richard Owen 21
Davies, S. Gwilly 19
Dent, J. M. 24
Dodd, A. H. 25
Drych y Prif Oeoesdd 2, 27 (Theophilus Evans)

Early Greek Elegy (T. Hudson-Williams) 8
Edwards, D. Miall 2
Edwards, O. M. 3, 23, 37
Efrydiau Athronyddol 22, 36, 40
Elfennau Barddoniaeth (T. H. Parry-Williams) 19
Elfennau Cemeg (Richard Owen Davies) 21
Elfennau Gramadeg Cymraeg (Stephen J. Williams) 14
Eliot, T. S. 14
Ellis, I. Elfyn 20
Evans, Christmas 25

1935	Ifor Williams, *Canu Llywarch Hen* (followed by *Canu Aneirin* (1938) and *Canu Taliesin* (1960)
1936	D. Gwenallt Jones, *Blodeugerdd o'r Ddeunawfed Ganrif*
1938	*Efrydiau Athronyddol*, the first journal solely on philosophy in Welsh, is launched
1942	Henry Lewis (ed.), *Brut Dingestow*
1944	Thomas Parry, *Hanes Llenyddiaeth Gymraeg Hyd 1900*
1950	*Llên Cymru* journal is launched Alwyn D. Rees, *Life in a Welsh Countryside* First part of *Geiriadur Prifysgol Cymru* is published
1952	Thomas Parry, *Gwaith Dafydd ap Gwilym*

Since 1953, the University of Wales Press has continued to publish a wide variety of books and journals across Wales and Celtic Studies, as well as across a broad range of humanities and social sciences fields, broadening its authors and readership around the world. In its centenary year, the Press has expanded its reach into education and entered into the global non-fiction market with the creation of its new imprint, *Calon*. A complete list of its most recent publications can be found on University of Wales Press website.

Appendix

Chronology of key dates and publications in the University of Wales Press's history

1918 Haldane Commission recommends establishing a university press for Wales

1919 University of Wales Board of Celtic Studies is established

1922 Press Board meets for the first time on the 6th of January in London

1923 Thomas Roberts and Ifor Williams, *The Poetical Works of Dafydd Nanmor*

1926 Kathleen Freeman, *The Work and Life of Solon*
T. Gwynn Jones, *Gwaith Tudur Aled*

1928 R. T. Jenkins, *Hanes Cymru yn y Ddeunawfed Ganrif* (first title in the series 'Y Brifysgol a'r Werin')
John Morris-Jones, *Orgraff yr Iaith Gymraeg*

1930 Ifor Williams, *Pedeir Keinc y Mabinogi*

1931 W. J. Gruffydd, *Y Flodeugerdd Gymraeg*

1932 R. I. Aaron, *Hanes Athroniaeth: o Descartes i Hegel*
Saunders Lewis, *Braslun o Hanes Llenyddiaeth Gymraeg*
T. H. Parry-Williams, *Canu Rhydd Cynnar*

1933 T. H. Parry-Williams and Rhiannon Morris-Jones (eds), *Llawysgrif Hendregadredd*

[107] H. H. Rowley, *Submission in Suffering: A Comparative Study of Eastern Thought* (Cardiff: University of Wales Press, 1942).

[108] Ronald Grimsley, *Existentialist Thought* (Cardiff: University of Wales Press, 1955) and *Jean-Jacques Rousseau: A Study in Self-Awareness* (Cardiff: University of Wales Press, 1961).

[109] *Detholiad o Lyfrau* (Cardiff: University of Wales Press, 1953). L. Twiston-Davies and H. J. Lloyd-Johnes, *Welsh Furniture: An Introduction* (Cardiff: University of Wales Press, 1950); Cecil Price, *The English Theatre in Wales* (Cardiff: University of Wales Press, 1948); R. D. Griffith, *Hanes Canu Cynulleidfaol Cymru* (Cardiff: University of Wales Press, 1948); Hywel D. Lewis, *Gwybod am Dduw* (Cardiff: University of Wales Press, 1952).

[110] UWPA, Board Minutes, 5 June 1929.

[111] UWPA, Annual Report 1923.

[112] UWPA, Annual Report 1936.

[113] UWPA, Letter from Gwenallt to Elwyn Davies, 6 May 1954. D. Gwenallt Jones, *Y Storm: Dwy Gerdd gan Islwyn* (Cardiff: University of Wales Press, 1954). The Press had previously published his anthology of eighteenth century Welsh poetry, *Blodeugerdd o'r Ddeunawfed Ganrif* (Caerdydd: Gwasg Prifysgol Cymru, 1936), which was reprinted several times. Translated by LlW.

[114] UWPA, 'Cyfres y Werin' file, Letter from Saunders Lewis to Ifor L. Evans, 22 November 1949. Translated by LlW.

[115] UWPA, 'Cyfres y Werin' file, letter from D. Emrys Evans to Ifor L. Evans, 16 November 1949.

[116] D. Emrys Evans, *Y Wladwriaeth* (Cardiff: University of Wales Press, 1956). The Press had previously published his translations of *Amddiffyniad Socrates* (1936), *Phaedon* (1938), *Ewthuffron* (1943), *Criton* (1943) and *Gorgias* (1946).

[117] UWPA, 'Cyfres y Werin' file, letter from W. J. Gruffydd to Ifor L. Evans, 16 November 1949. Translated by LlW.

[118] He was succeeded as chair of the Board by Professor Thomas Parry in 1958, the author of two of the most important books which the Press published in the 1940s and early 1950s, *Hanes Llenyddiaeth Gymraeg Hyd 1900* (Cardiff: University of Wales Press, 1944) and his comprehensive edition of *Gwaith Dafydd ap Gwilym* (Cardiff: University of Wales Press, 1952). He remained chair until 1969. Goronwy Daniel followed as chairman, from 1969 to 1979.

[119] Parry-Williams, *Bwrdd Gwasg Prifysgol Cymru*, p. 15. Translated by LlW.

[81] R. T. Jenkins, *Edrych yn Ôl* (London: Clwb Llyfrau Cymraeg Llundain, 1968), p. 262. Another author, J. R. Gabriel from Caerleon, had originally been chosen to write the volume on the eighteenth century, with Jenkins to concentrate on the nineteenth. After they tired of waiting for the manuscript, the committee who were responsible for the new series asked Jenkins to shoulder the burden instead of Gabriel though he 'knew *nothing* about the eighteenth'. The stress of rapidly bringing himself up to speed on the period almost led to a "nervous breakdown" when he presented the work to Jenkin James, the Board's secretary at the time, and he fainted on the Eisteddfod field in August 1928 as a result.

[82] *Y Traethodydd*, XVII (January 1929), 188. Translated by LlW.

[83] See Hazel Walford Davies, *O. M.: Cofiant Syr Owen Morgan Edwards* (Llandysul: Gwasg Gomer, 2020) for the history of the establishment of 'Cyfres y Fil' in 1902, pp. 543–5.

[84] UWPA, Board Minutes, 13 April 1937.

[85] UWPA, 13 April 1937.

[86] UWPA, 13 April 1937.

[87] UWPA, Board Minutes, 25 November 1938.

[88] UWPA, Annual Report 1950.

[89] *Y Llenor*, XXVII/4 (Spring 1948), 195.

[90] UWPA, Annual Report 1950.

[91] UWPA, Board Minutes, 1 June 1927.

[92] R. I. Aaron, *Hanes Athroniaeth: o Descartes i Hegel* (Cardiff: University of Wales Press, 1932).

[93] Iorwerth C. Peate, *Cymru a'i Phobl* (Cardiff: University of Wales Press, 1931).

[94] UWPA, Board Minutes, 30 January 1928.

[95] *Y Llenor*, X/2 (Summer 1931), 126–8. Translated by LlW.

[96] UWPA, Annual Report 1933.

[97] UWPA, Board Minutes, 30 January 1928.

[98] Stephen J. Williams, *Ffordd y Brawd Odrig: o Lawysgrif Llanstephan 2* (Cardiff: University of Wales Press, 1929) and *Ystorya de Carolo Magno: o Lyfr Coch Hergest* (Cardiff: University of Wales Press, 1930).

[99] UWPA, Board Minutes, 12 February 1931.

[100] *The Home University Library of Modern Knowledge* was published by Williams and Norgate in London from 1911 onwards.

[101] UWPA, Annual Report 1934.

[102] UWPA, Annual Report 1939.

[103] UWPA, Annual Report 1938.

[104] UWPA, Annual Report 1938.

[105] UWPA, Annual Report 1950.

[106] UWPA, Annual Report 1946.

[60] T. H. Parry-Williams, *Carolau Richard White* (Cardiff: University of Wales Press, 1931); *Llawysgrif Richard Morris o Gerddi* (Cardiff: University of Wales Press, 1931); *Canu Rhydd Cynnar* (Cardiff: University of Wales Press, 1932); (with Rhiannon Morris-Jones) *Llawysgrif Hendregadredd* (Cardiff: University of Wales Press, 1933); *Elfennau Barddoniaeth* (Cardiff: University of Wales Press, 1935); *Pedair Cainc y Mabinogi: Chwedlau Cymraeg Canol wedi eu Diweddaru* (Cardiff: University of Wales Press, 1937).

[61] UWPA, Annual Report 1936.

[62] UWPA, Board Minutes, 6 October 1936.

[63] S. Gwilly Davies, *Byd Busnes* (Cardiff: University of Wales Press, 1938).

[64] *Y Llenor*, XVII/4 (Winter 1938), 252.

[65] Rhiannon Davies and Mansel Davies, *Hanes Datblygiad Gwyddoniaeth* (Cardiff: University of Wales Press, 1948).

[66] Mansel Davies, *A Scientist Looks at Buddhism* (Lewes: The Book Guild, 1990).

[67] *Lleufer*, VI/2 (Summer 1950), 98–9. Translated by LlW.

[68] *Lleufer*, 99.

[69] Gwilym Owen, *Mawr a Bach: sef Sêr ac Electronau* (Cardiff: University of Wales Press, 1936). This book developed from a series of radio lectures delivered by the author.

[70] UWPA, Annual Report 1937.

[71] Richard Owen Davies, *Elfennau Cemeg* (Cardiff: University of Wales Press, 1937).

[72] Davies, *Elfennau Cemeg*, p. v. Translated by LlW.

[73] Owen, *Mawr a Bach*, p. 7.

[74] Owen, *Mawr a Bach*, p. 43. Translated by LlW.

[75] Owen, *Mawr a Bach*, p. 10.

[76] *Efrydiau Athronyddol*, I (1938). Welsh philosophers and scholars such as J. R. Jones, Hywel D. Lewis, Idwal Jones and David Phillips were amongst the authors whose work was given a new platform through this journal.

[77] J. J. Jones, 'Y Buddha a phroblem y drwg', *Efrydiau Athronyddol*, IV (1941), 45–62; and 'Dharma a Logos', *Efrydiau Athronyddol*, IX (1946), 3–18.

[78] UWPA, 'Memorandum on the question of issuing a series of cheap reprints of Welsh classics', Board Minutes, 13 April 1937.

[79] R. T. Jenkins, *Hanes Cymru yn y Ddeunawfed Ganrif* (Cardiff: University of Wales Press, 1928); *Hanes Cymru yn y Bedwaredd Ganrif ar Bymtheg: Y Gyfrol Gyntaf (1789–1843)* (Cardiff: University of Wales Press, 1933).

[80] UWPA, Board Minutes, 5 June 1929.

Llyfr Blegywryd (Dull Dyfed): Argraffiad Beirniadol ac Eglurhaol (Cardiff: University of Wales Press, 1942).
45 Stephen J. Williams, *Elfennau Gramadeg Cymraeg* (Cardiff: University of Wales Press, 1959).
46 See in particular Kevin Jackson, *Constellation of Genius, 1922: Modernism Year One* (London: Hutchinson, 2012) for the significance of 1922 more generally. In philosophy, the English translation of Ludwig Wittgenstein's revolutionary first book, *Logisch-Philosophische Abhandlung*, was published in the same year, *Tractatus Logico-Philosophicus* (London: Kegan Paul, 1922). See Michael North, *Reading 1922: A Return to the Scene of the Modern* (Oxford: Oxford University Press, 1999) for a masterful analysis of the book's influence.
47 UWPA, Board Minutes, 1 June 1927 and 2 December 1927.
48 UWPA, Board Minutes, 12 February 1935.
49 'Tudur Aled a'i Gyfnod', *Cymru*, LXXII/426 (January 1927), 1.
50 'Tudur Aled a'i Gyfnod', 3.
51 John Morris-Jones, *Orgraff yr Iaith Gymraeg* (Cardiff: University of Wales Press, 1928).
52 *Y Traethodydd*, XVII (January 1929), 62. Translated by LlW.
53 T. J. Morgan, *Y Treigladau a'u Cystrawen* (Cardiff: University of Wales Press, 1952); Henry Lewis, *Llawlyfr Llydaweg Canol: Argraffiad Newydd* (Cardiff: University of Wales Press, 1935); Melville Richards, *Llawlyfr Hen Wyddeleg* (Cardiff: University of Wales Press, 1935). The original edition of Lewis's book was published by Stephens and George, Aberdare in 1922.
54 G. J. Williams, 'Pedeir Keinc y Mabinogi', *Y Traethodydd*, XIX (January 1931), 48. Translated by LlW.
55 'Pedeir Keinc y Mabinogi', 48.
56 See Richard Wyn Jones, *Rhoi Cymru'n Gyntaf: Syniadaeth Plaid Cymru, Cyfrol 1* (Cardiff: University of Wales Pres, 2007) for the most stimulating account of the birth of the party.
57 Saunders Lewis, *Braslun o Hanes Llenyddiaeth Gymraeg: 1* (Cardiff: University of Wales Press, 1932). See also T. Robin Chapman, *W. J. Gruffydd* (Cardiff: University of Wales Press, 1993) for an account of the contest for the University's parliamentary seat in 1943, pp. 176–82.
58 G. J. Williams, *Iolo Morganwg: Y Gyfrol Gyntaf* (Cardiff: University of Wales Press, 1956). Williams died in 1963 before completing the second volume of this work.
59 G. J. Williams and E. J. Jones, *Gramadegau'r Penceirddiaid* (Cardiff: University of Wales Press, 1934); G. J. Williams, *Gramadeg Gruffydd Robert* (Cardiff: University of Wales Press, 1939) and *Traddodiad Llenyddol Morgannwg* (Cardiff: University of Wales Press, 1948).

23. G. Nesta Evans, *Social Life in Mid-Eighteenth Century Anglesey* (Cardiff: University of Wales Press, 1936); *Religion and Politics in Mid-Eighteenth Century Anglesey* (Cardiff: University of Wales Press, 1953).
24. T. Hudson-Williams, *Early Greek Elegy: The Elegiac Fragments of Callinus, Archilochus, Mimnermus, Tyrtaeus, Solon, Xenophanes, & Others* (Cardiff: University of Wales Press, 1926).
25. UWPA, Board Minutes, 6 May 1924.
26. Robert Bridges, *The Spirit of Man: An Anthology in English and French from the Philosophers and Poets* (London: Longmans Green & Co, 1916).
27. UWPA, Board Minutes, 6 May 1924.
28. Henry Lewis, 'Yr Angof Mawr', *Y Llenor*, II/2 (Summer 1923), 122–3.
29. UWPA, Board Minutes, 28 February 1929.
30. UWPA, 28 February 1929.
31. UWPA, 28 February 1929.
32. UWPA, Board Minutes, 5 June 1929.
33. UWPA, Board Minutes, 1 November 1929.
34. UWPA, Board Minutes, 15 July 1930.
35. UWPA, Board Minutes, 20 November 1936.
36. UWPA, Board Minutes, 30 September 1925.
37. UWPA, Board Minutes, 'Appendix I: A Series of World Classics in Welsh', 11 November 1949. Works by Ibsen, Goethe, Gogol, Descartes, Schiller, Maupassant, Molière, Martin Luther and others were part of the original series.
38. Parry-Williams, *Bwrdd Gwasg Prifysgol Cymru*, p. 14. Translated from the original by Llion Wigley (LlW).
39. Parry-Williams, *Bwrdd Gwasg Prifysgol Cymru*, p. 13.
40. See, for example, essays by Alwyn D. Rees, *Adfeilion: Sylwadau ar Argyfwng ein Dyddiau Ni* (Llandybïe, 1943), and Kate Bosse-Griffiths's daring short novel, *Anesmwyth Hoen* (Llandybïe, 1941) in the 'Llyfrau'r Dryw' series; a wartime diary by Caradog Prichard, *'Rwyf innau'n filwr bychan* (Denbigh: Gwasg Gee, 1943) and the recollections of the great pacifist George M. Ll. Davies, *Pererindod Heddwch* (Denbigh: Gwasg Gee, 1945) in the 'Llyfrau Pawb' series; and Elena Puw Morgan's outstanding novel, *Y Graith* (Aberystwyth, 1943) and D. Tecwyn Lloyd's eclectic critical essays, *Erthyglau Beirniadol* (Aberystwyth, 1946) amongst the Welsh Book Club's volumes.
41. *Hwnt ac Yma* (Cardiff: University of Wales Press, 1940), p. 5. Translated by LlW.
42. D. Emrys Evans and R. T. Jenkins (eds), *Llais Rhyddid* (Cardiff: University of Wales Press, 1941), p. 6.
43. *Y Flwyddyn yng Nghymru* (Cardiff: University of Wales Press, 1943), p. 8.
44. Stephen J. Williams and J. Enoch Powell, *Cyfreithiau Hywel Dda yn ôl*

of the Book in Wales (Aberystwyth: National Library of Wales, 1998), pp. 221–36.
2. Saunders Lewis, *Williams Pantycelyn* (London: Foyle's, 1927); D. Miall Edwards, *Crefydd a Diwylliant* (Wrexham: Hughes a'i Fab, 1934).
3. Quoted in T. H. Parry-Williams, *Bwrdd Gwasg Prifysgol Cymru: Rhai Hen Atgofion* (Cardiff: University of Wales Press, 1972), p. 9.
4. Parry-Williams, *Bwrdd Gwasg Prifysgol Cymru*, p. 7.
5. Parry-Williams, *Bwrdd Gwasg Prifysgol Cymru*, p. 8.
6. In later years, prominent scholars such as J. E. Lloyd, J. R. Jones, Ifor Williams, Griffith John Williams, E. G. Bowen and Thomas Parry also joined the Board. See Helen Fulton, 'University of Wales Press', in Jonathan Rose and Patricia J. Anderson (eds), *British Literary Publishing Houses, 1881–1965* (Llundain: Gale Research, 1991), pp. 330–3.
7. University of Wales Press Archive, University of Wales Registry, Cardiff (UWPA henceforth), Board Minutes, 6 January 1922.
8. UWPA, Board Minutes, 17 February 1922.
9. UWPA, 'Preliminary Memorandum on the powers and duties of the University Press Board', Board Minutes, 17 February 1922.
10. UWPA, Board Minutes, 17 February 1922.
11. UWPA, 'Preliminary Memorandum'.
12. UWPA, 'Preliminary Memorandum'.
13. Thomas Roberts and Ifor Williams, *The Poetical Works of Dafydd Nanmor* (Cardiff: University of Wales Press, 1923). This book was based on an MA thesis presented by Thomas Roberts at University College, Bangor in 1909. He died during the Great War in 1918 and the work was revised and prepared for publication by Ifor Williams.
14. UWPA, Annual Report 1923.
15. T. Gwynn Jones, *Gwaith Tudur Aled* (Cardiff: University of Wales Press, 1926).
16. UWPA, Board Minutes, 18 June 1926.
17. UWPA, Board Minutes, 18 February 1926.
18. UWPA, Board Minutes, 20 July 1927.
19. W. J. Gruffydd, *Math vab Mathonwy: an Inquiry into the Origins and Development of the Fourth Branch of the Mabinogi with the Text and a Translation* (Cardiff: University of Wales Press, 1928); J. Lloyd-Jones, *Geirfa Barddoniaeth Gynnar Gymraeg* (Cardiff: University of Wales Press, 1931).
20. An eighth volume was published following his death, in 1963.
21. Kathleen Freeman, *The Work and Life of Solon: with a Translation of his Poems* (Cardiff: University of Wales Press, 1926).
22. UWPA, Annual Report 1926.

Conclusion

Despite the problems mentioned above, by the time Emrys Evans took the reins as chairman of the Board in 1952, with Elwyn Davies as secretary since the retirement of Jenkin James in 1944, he could feel generally confident that the Press had established itself unquestionably as Wales's leading academic publisher during the first half of the twentieth century.[118] The newly found confidence in their Welsh identity and their willingness to display it in public and academic life which the work of the Press had played an important role in developing over this period was obvious during the Board's discussions, according to T. H. Parry-Williams's memories of Emrys Evans's years at the helm: 'He was a very different man from his predecessor, an old hand at chairing meetings, always in a tolerant, patient manner; a man who was familiar with the background of many of the subjects discussed. By this stage, more often than not, the members who were present were Welsh lecturers or Welsh enthusiasts , and the discussions would be conducted in Welsh as a rule.'[119] The Press went on to publish a variety of pioneering and vital books in Welsh and in other academic fields from the 1950s to the present day, with the first director, R. Brinley Jones, being appointed in the late 1960s and the first office for its specific use opening in the old docks area of Cardiff soon after. He was followed by John Rhys, Ned Thomas, Susan Jenkins, Ashley Drake, Helgard Krause, and lastly Natalie Williams, the current director. In 2018, the Press returned to its original home in the University of Wales Registry building in Cathays Park, Cardiff, an appropriate location for it to continue the pioneering work of promoting and providing a stage for academic studies in Welsh and about Wales which the University and its publisher played such a key role in developing and making a reality in the first half of the twentieth century.

Notes

[1] See Brynley F. Roberts, 'Scholarly Publishing, 1820–1922', in Philip Henry Jones and Eiluned Rees (eds), *A Nation and its Books: A History*

from the initial £250 a year to £500 in 1925, and again to £1,000 towards the end of 1936, but the increase was not enough to prevent continual financial pressure being exerted on the Board throughout this period as publishing costs increased simultaneously.[112]

Some of the Press's most well-known authors also expressed their dissatisfaction with its publishing standards from time to time. A suggestion of Gwenallt's occasionally fiery character is provided in a letter which the esteemed poet and scholar sent to the Press Board in 1952 after he received the latest proofs for his book on the Victorian poet, Islwyn, proclaiming his amazement at the slow pace of the process. 'I am very disappointed that it has not appeared from the Press much earlier. It is a pity that I gave the work to such a hapless Press.'[113] The manifold responsibilities carried out by other prominent authors meant that they could not always answer requests by the Board for their work. Saunders Lewis had to write to the chair of the Board in 1949 to refuse his offer to translate a play by Molière as part of the revived 'Cyfres y Werin' series: 'Thank you for your letter on behalf of the Press Board. However as you need the translation of Molière *quickly*, I'm afraid I cannot promise that, as my journalistic work leaves me very little leisure'[114] Around the same time, Emrys Evans, Vice-Chancellor of University College, Bangor, refused the chairman's offer to prepare a translation of the *Odyssey*: 'I am very sorry, but I really cannot promise to "do" Homer. He has never been much up my street anyhow.'[115] He was working in any case on his translation of Plato's *The Republic*, which was published by the Press in 1956, following his four earlier translations of works by the ancient Greek philosopher.[116] W. J. Gruffydd responded to the offer to be part of the revived series more positively by offering to meet the chairman at the *Athenaeum* hotel in London to discuss the mater further. He doubted, however, whether the original title for the series was now an appropriate one: 'Yes, it was quite a hopeful time when 'Cyfres y Werin' was begun; although I could never understand why 'y Werin' ('the People/Folk'). I'm afraid we will have to call the next series of books the Intelligentsia Series, or in Welsh, *Cyfres y Cymry Deallus!*'[117]

staff at Bangor, on the ideas of Jean-Jacques Rousseau and the existentialist thinkers Jean-Paul Sartre and Gabriel Marcel when their influence was at its height in the 1950s.[108] A booklet named *Detholiad o Lyfrau* ('A Selection of Books') cataloguing the majority of books published by the Press over the previous thirty years was published immediately after Ifor L. Evans's period as chair came to an end in 1952, which displays the variety contained within its publishing programme by that stage. It lists books on *Welsh Furniture* and *The English Theatre in Wales* alongside books on Welsh choral singing, *Hanes Canu Cynulleidfaol Cymru*, and *Gwybod am Dduw*, the influential philosopher Hywel D. Lewis's latest work giving a 'glimpse of some of the main trends of the religious mind today'.[109] The Press had also been responsible for publishing a series of new translations of the Scriptures in Welsh, as well as a variety of books for schools such *Llyfrau Darllen Prifysgol Cymru* ('University of Wales Reading Books'), a series of songbooks, and books on traditional Welsh songs.

Problems

Lest the above give an overly one-eyed portrayal of the Press's early years as a period of unopposed growth, it should be noted that the extent of the financial challenges it faced was made clear by the Board from its very first meetings, and that these problems continued to be referred to regularly throughout the period under consideration. The Press agent, Ben Jones, expressed his frustration with the unwillingness of major booksellers such as W. H. Smith to sell books from the Press without a major discount, and the Board's annual reports contain numerous appeals on its part for the Council of the University of Wales to increase the annual grant which it provided in order to cover the increasing costs which were involved in running an academic publisher.[110] As early as 1923, therefore, the annual report includes the following remarks: 'At present the work of the Board is restricted by lack of funds, and it is hoped that the present small grant of the University Council will be supplemented from other sources.'[111] This grant did in fact rise majority of its energy had been concentrated on publishing new scholarly books in Welsh on literature and Welsh history, or reprints of Welsh literary classics. However, from 1934 onwards the Board received an additional grant of £100 a year, initially, in order to publish research works by members of University of Wales staff in other fields. As explained in the annual report for 1938, publishing exclusively on Welsh subjects was the only choice which it faced when the Press was established, 'because if the Press Board did not accept responsibility for publishing works of research relating to Wales, no other body was likely to perform this work in its place'.[103] This had led to an obvious gap in terms of publishing all of the exciting research carried out within the University of Wales: 'It was manifest, however, that the original work performed by members of the University was not confined to the field of Welsh or allied Celtic studies, and it was essential that arrangements should be made for its publication'.[104] The results of this change of policy, and the associated grant which increased gradually during the 1930s, can be seen in the statistics for the books published by the Press recorded in its first annual report of the 1950s. Fifty two books had been published in the half decade between the end of the Second World War and 1950, thirty five of them in Welsh, ten in English and seven bilingually.[105] The first annual report of the post-war period confirmed that publishing scholarship in Welsh and on Wales continued to be the Press's main priority, with a view to expanding its programme into other fields: 'The Board will continue with its policy of regarding the publication of works of scholarship relating to Wales as its special responsibility, and will also undertake, or assist, in greater measure, the publication of similar work in fields of study other than those relating to Wales.'[106]

Under Ifor L. Evans's bold leadership, therefore, the Press expanded the range of its publications to include books on various aspects of both Eastern and European religion and philosophy. 1942, for example, saw the publication of *Submission in Suffering: A Comparative Study of Eastern Thought* by H. H. Rowley, who was a lecturer in comparative religion at Bangor.[107] The Press also published works on contemporary French and German philosophy, including books by Ronald Grimsley, another member of the lecturing texts such as *Ffordd y Brawd Odrig*.[98] The annual report for 1931 notes with satisfaction how the grant had enabled the Board 'to carry out a substantial portion of its programme but there still remains a great deal to be done, and the Board trusts that the Council will bear this in mind in allocating grants out of new money.' It was argued, furthermore, that none of the books published by the Board could be described as 'best sellers', and that relatively low sales figures had to be expected and accepted for works, especially in the Welsh language, 'which though indispensable for students are bought by very few outside the circle of University students'.[99]

Developments in the 1930s and publishing in new fields

By the annual report for 1934, the Board could confirm that the work of the Press had continued towards four main goals: publishing Welsh texts for use by university students; publishing books in Welsh for the interested general reader modelled on the *Home University Library of Modern Knowledge*; publishing works of research in the field of Welsh history; and publishing general guide books and 'readers' in Welsh for use in schools.[100] The Board felt satisfied 'that its policy is a sound one, both from the University point of view, and from the point of view of the preservation of the Welsh language'.[101] The final annual report of Gilbert Monmouth's period as chair in 1939 notes that the Press had published two hundred and fifty books since it was established nearly two decades previously. The Board had met a hundred times during this period, with W. J. Gruffydd and T. Franklin Sibly being the only two of the original seven who came together in London in 1922 who remained members.[102] W. J. Gruffydd continued to be an active member of the Board until his death in 1953.

The Board's formal decision to extend its publishing programme to include subjects beyond Welsh or Welsh related ones was another important development in the history of the Press during the 1930s. As we have already seen, the Press had published occasional volumes in other fields such as Classics during the 1920s, but the collected by Welsh scholars over the past half century into a book which the general reader and student who is starting to study the Welsh language at the University can understand and enjoy'. Previously, the lack of adequate resources to offer Welsh students had been an obvious problem, but from now on 'no-one need complain about this' as Lewis's book was as high its standards as anything available to English or French students.[95]

Books such as those by Henry Lewis, R. I. Aaron and R. T. Jenkins in this series were also of immense assistance in increasing the sales of the Press's books in the early 1930s. The total amount sold in 1932/33 rose as a result to 20,265, and the stock held at the University Registry in Cathays Park, Cardiff increased to 93,797 bound volumes by that year.[96] The Board minutes emphasised regularly, however, that providing resources for the study of subjects through the medium of Welsh was its main aim, rather than any financial motivation. A report written by the Academic Board in 1928 on the condition of Welsh studies within the University had outlined these requirements clearly. In the same year the Press Board asked for an additional grant from H. M. Treasury in order to publish books in Welsh to meet the need over the next five years. A list of proposed books in five main categories was drawn up, with the assistance of the Board of Celtic Studies, which would represent 'a programme of work which, if carried out, would be epoch-making in its influence on Welsh culture and education'.[97]

Works which students of Welsh required on an urgent basis formed the first category, including selections from the earliest Welsh poets and critical editions of the Mabinogion, early religious poetry and the Gododdin. Reprints of Welsh literary classics, such as *Llyfr y Tri Aderyn* (1653), *Drych y Prif Oesoedd* (1716) and *Gweledigaethau'r Bardd Cwsc* (1703) formed the second category, and general works on the history and geography of Wales the third, such as a historical atlas for use in schools. Books to be used in adult education and in schools made up the last two categories on the list. A grant of £500 was received to this end, and a number of the relevant required works were published in the years that followed, such as Stephen J. Williams's editions of early Welsh head of Bala theological college, David Philips. The particular background and audience for the series is reflected in the fact that R. I. Aaron presented his book on the history of philosophy from Descartes to Hegel 'to the members of my external classes, Cwmllynfell 1926–1930, Felinfoel 1930–1932'.[92] Aaron's book was the twelfth to be published in the series in a period of less than five years, which shows how quicky it succeeded in meeting the need for resources of this kind.

By the time his superlative book on modern philosophy, one which remains very useful to this day, had been published in 1932, volumes such as those by R. T. Jenkins on the history of Wales in the eighteenth century and by Iorwerth C. Peate on Wales and its People (*Cymru a'i Phobl*) had already set the series on firm foundations and ensured its popularity among readers.[93] The influential Welsh thinker, J. R. Jones, for example, made extensive use of Aaron's book while a philosophy student at Aberystwyth, and the copy of the book which came into his possession in 1933 contains interesting remarks which he had added in pencil to its margins. He underlined parts of the sections on Kant and Hegel particularly heavily. The Board's notes on the development of the series in 1928 before the first volume was published later that year, state clearly that its aim was to foster the general reader's interest in a range of subjects and to spark their imagination in the process: 'The fundamental objective to be aimed at throughout is the awakening of interest and the formation of a habit of mind rather than the imparting of a series of facts, however important they may be'.[94]

The books published in this series also succeeded in summarising the detailed, pioneering research carried out in the fields of Welsh history and literature which scholars such as Henry Lewis had been responsible for in the early decades of the twentieth century in an attractive, appealing format for a wider audience. Griffith John Williams acknowledged the importance of the series in this regard in his review of Lewis's book on the development of the Welsh language, the sixth to be published, in 1931. 'Aspects of the subject have been discussed in books and journals' he wrote, 'but this is the first time that anyone has tried to put the information to some extent in the development of the series, but once paper supplies had returned to their pre-war levels it went from strength to strength. Twelve books had been published by 1950, and the annual report for that year notes that the Board's main contribution since the War was 'the series known as "Llyfrau Deunaw", which offers the serious reader a wide variety of writing, in prose and verse, by standard authors ranging in date from the sixteenth to the nineteenth century. The main purpose of the series was to meet the criticism that the major and minor classics of Welsh literature were not obtainable except at great cost in time and money.'[88] Scholars such as Thomas Parry, Glyn Ashton, D. Myrddin Lloyd and others were responsible for editing selections in the series of the works of such varied figures as Twm o'r Nant, Islwyn, Christmas Evans and Eben Fardd. As Garfield Hughes remarked in his review of two of these books in 1948 ,'The main virtue of the *Llyfrau Deunaw* series, perhaps, is to show the value of works which we have neglected far too often, and to disclose other works which circumstances have kept from our view'.[89]

The 'Y Brifysgol a'r Werin' series

The Board's annual report for 1950 also records that three new books had been added to the 'Y Brifysgol a'r Werin' series, and that consequently 'modern scholarship is brought to the general reader', an aim which it had been specifically established to promote.[90] The minutes of the Press Board meeting during 1927 reveal that a request from the University of Wales Extra Mural Board for volumes of this kind for use in the classes which it organised had led to the launch of this series.[91] In the Board's meeting on the 2nd of June of that year, therefore, its members considered a list which had been prepared on their behalf of proposed books and authors in the series. Books on comparatively new academic subjects such as sociology and psychology formed part of this list of ten, alongside ones on ethics, education, economics and Welsh history. Among the suggested authors were names such as the historian from University College, Bangor, A. H. Dodd, and the enlightened on being able to walk into the nearest bookshop and order this classic or that in a relatively cheap edition.'[85] Copies of such works could still be found in Welsh libraries, but over the border in England, by contrast, he argued that the reading public were not content for their literary classics to be treated as relics in a museum. The dangerous tendency he saw in Wales was for the history and literature of the nation to be considered a matter of interest to academics and researchers alone. General readers and students in England could rely on publications such as the 'Everyman' series, launched by J. M. Dent's company in 1906, to get hold of the works of even fairly obscure novelists and historians, but in Wales very little classic material of any standard was available to them:

> A lecturer in English history can confidently send his men out for cheap copies of these works; his confrere in Wales has to pass around his own copies (not without nervousness), or cajole the College Librarian to relax his guard over his strong-room for a short period. In the end, the men leave college with no books, and go through life depending on hastily-copied extracts[86]

Ending this unfairness and disparity was one of the main motivations which led the Press Board to launch series such as 'Y Brifysgol a'r Werin' which Jenkins himself made such a vital contribution to.

A new series named 'Llyfrau Deunaw' ('Eighteen Books') was launched as a result of the report by R. T. Jenkins in order to ensure that some of the most important Welsh literary classics were available to readers in standard editions, at a reasonable price. The eighteen in the title of the series refers to the fact that the books within it were priced at eighteen shillings each (1/6), a much lower sum than the books ordinarily published by the Press. The decision to commission the series formally was taken at the Board's meeting in November 1938, and the record for this meeting makes clear that developments in the publishing world more generally, such as the increasing availability of books in attractive, affordable paperback format had partly inspired it: 'The Board considered further the question of the publication of a series on the lines of the Penguin and Pelican books'.[87] The Second World War interfered himself remembered in his autobiography that four hundred copies had been sold on a single Saturday at John Evans's bookshop in Cardiff, although he also noted modestly that the book's remarkable sales were partly due to the fact that it was chosen as a set text for pupils by the Central Examining Board.[81] He was congratulated in a review in *Y Traethodydd* for giving the series such a suitable start: 'It is fair to conclude from the two words – University and People – given in the title of the series, that two things could be expected – thorough research as a result of university education, and providing the outcomes of this research in plain, polished language which can be understood by the people, without too much of the University's flavour to it. And the author of this book is a master of both these arts.'[82]

R. T. Jenkins showed in his report for the Board, that a shortage of versions of Welsh classics during his youth around the turn of the twentieth century was not the main problem which the Press was founded in order to overcome, but rather the poor standards of the publications which were available. He recalled that over fifty such books were part of the 'Cyfres y Fil' series established by O. M. Edwards priced at as little as a shilling or fifteen pence each, while other publishers such as Isaac Foulkes, Hughes a'i Fab and Spurrell also offered editions of the works of Morgan Llwyd, Twm o'r Nant and Ellis Wynne, amongst others.[83] However the standards of these publications were fairly shabby editorially and in terms of presentation, in his view: 'To sum up, the Welsh reader who was not bothered by bad type, bad paper, and uncritical texts, could become very fairly acquainted with well-nigh the whole range of our post-medieval literature (at least), and that without spending very much'.[84]

The situation was very different by the 1930s, he reported, and very few of the series mentioned above, however deficient they were from an academic viewpoint, were now available as the book market in Wales had contracted substantially during the first quarter of the twentieth century. The inevitable outcome of this trend was that: 'With all the activity at our colleges, with all the zeal with which a subject called "Welsh" is taught in the schools, undergraduates and schoolboys cannot count, *as they could count in 1900,*

The following year saw the beginning of a significant new venture in the world of Welsh language studies, with the Board's decision to publish the first academic journal on philosophy in Welsh. The first issue of *Efrydiau Athronyddol* appeared in 1938, edited by R. I. Aaron, a lecturer at University College, Aberystwyth and the author of a pioneering book on the history of modern philosophy in the 'Y Brifysgol a'r Werin' series. The journal's very high intellectual and academic standards and the range of topics it discussed was notable from the very first issue, which included Aaron's own essay on John Locke along with articles on 'The Idea of Value', 'Perception', and the nature of the self, as well as reviews of books on psychology through the ages, and the Russian existentialist theologian, Nicolas Berdyaev.[76] Eastern philosophy was also given ample space on the journal's pages from its earliest issues, with the talented linguist from New Quay, Ceredigion, J. J. Jones making use of his own familiarity with the original Sanskrit texts to discuss 'Buddha and the problem of evil' in 1941 and to compare the Buddhist and Greek concepts of 'Dharma and Logos' in 1946.[77]

Reprinting the Welsh Classics

R. T. Jenkins, the most dazzling Welsh historian of his era and a neighbour of W. J. Gruffydd in the Rhiwbina garden village suburb of Cardiff, wrote an interesting report when he joined the Press Board in 1937 on the provision of classic works in Welsh available to readers in that period, with a view to the Press filling any obvious gaps.[78] The first of Jenkins's own two volumes on the history of Wales in the eighteenth and nineteenth centuries had been published a decade previously, and they remain among the most readable and interesting books on this era available in Welsh.[79] The first of these two volumes was also the first book to be published in the 'Y Brifysgol a'r Werin' series in 1928, and it proved to be a popular as well as critical success from the outset. The Press Board minutes for June 1929 note that six hundred of the two thousand copies printed had been sold within six months of publication, and a further thousand copies were ordered shortly afterwards.[80] Jenkins general readers from every social layer and class in Wales, including workers in the slate quarrying areas of North Wales who had made such an essential financial contribution to establishing the University of Wales's colleges in the first place. Indeed, the Press's output played an important role in nurturing the close relationship which existed between the different University colleges and societies such as the Workers Educational Association in the middle decades of the twentieth century, along with its extra mural classes.

The Press had already paved the way for Rhiannon and Mansel Davies's book by publishing two scientific volumes in Welsh immediately before the Second World War. *Mawr a Bach: sef Sêr ac Electronau* ('Great and Small: Stars and Electrons') by Gwilym Owen, a Professor of Physics at University College, Aberystwyth, was the first to appear in 1936.[69] According to the Board's annual report for the following year, the second book, *Elfennau Cemeg* ('Elements of Chemistry') by Richard Owen Davies, another member of the college staff at Aberystwyth, was intended primarily for use in schools.[70] It was a handbook to assist teachers to provide lessons in chemistry through the medium of Welsh, and its publication was another sign of the Board's commitment to strengthening Welsh language education across a wide range of academic disciplines.[71] As T. H. Parry-Williams commented in his preface: 'Writing such a concise and clear scientific hand book in Welsh is no mean achievement.'[72] Gwilym Owen in the preface to his own book claimed that he wrote it mainly for school children, but he also hoped it would be comprehensible and of interest to readers of all kind.[73] Reading the book could certainly offer a very different, otherworldly experience in comparison to the Press's previous titles as it included chapters describing an 'imaginary visit to the moon' and discussing the 'possibility of life on other planets'. 'Had this question been posed 300 years ago' the author claimed in the latter, 'the enquirer would be in danger of being burnt at the stake for suggesting such a heretical and ungodly idea. Suggesting that there are other worlds with reasonable creatures (men?) on them indeed!'.[74] T. H. Parry-Williams helped the author to ensure the book's grammatical correctness, and he contributed one of his own poems to use as an introduction.[75]

Expanding the Press's publishing programme

A young married couple, Rhiannon and Mansel Davies, were responsible for writing an interesting book in Welsh for the Press in another field beyond literature or history in 1948. Their *Hanes Datblygiad Gwyddoniaeth* ('The History of the Development of Science') was part of the 'Y Brifysgol a'r Werin' series, one of a wide range of subjects discussed within this series, along with agriculture, ethics, politics, and the principles of economics.[65] The two authors, who had previously been students at University College, Aberystwyth, met as fellow teachers at Dyffryn Ogwen secondary school, Bethesda in the early 1940s. Mansel Davies went on to make an important academic contribution beyond Wales in the field of biochemistry, as well as writing a book on Buddhism from a scientific viewpoint which reflected his deep interest in eastern religions.[66] Their book was reviewed favourably in the Welsh Workers Educational Association's journal in 1950. I. Elfyn Ellis argued that they had broken new ground in the treatment of science through the medium of Welsh: 'Conveying this information in comprehensible Welsh was no easy task as hitherto we do not have a recognised and well-known terminology in this field'.[67] The authors succeeded, despite this obstacle, in describing the experiments and theories of scientific giants, from Kepler, Galileo and Copernicus to more recent figures such as Rutherford and Madame Curie, in a clear and stimulating manner. As a result, the reviewer could venture to suggest that there would be a 'demand for the book from Extra Mural classes under the guidance of learned teachers in this field'.[68]

Another volume in the 'Y Brifysgol a'r Werin' series discussed in the same review grew from lectures which its author had presented to similar classes, namely *Hanes Cristionogaeth* ('The History of Christianity') by Isaac Thomas, published in 1949. Under David Thomas's shrewd eye as editor, reviews of many other books published by the Press appeared on the pages of *Lleufer* from its second issue in 1944 onwards. This reflected the fact that at least some of the Press's books, such as the volumes in the 'Y Brifysgol a'r Werin' series, played an important part in the cultural life of he made a vast personal contribution to its publishing programme. Between 1931 and 1937, six books bearing his name were published on behalf of the Board, including his editions of Richard White's carols, a manuscript by Richard Morris and a selection of early Welsh poetry; an introductory volume on *Elfennau Barddoniaeth* ('Elements of Poetry') which was listed in the Press's first catalogue as a suitable book for use in schools; and an edition of the Hendregadredd Manuscript, which he completed with Rhiannon Morris-Jones, the widow of Sir John Morris-Jones, following the Bangor giant's death in 1929.[60] He managed to complete this work in the same period as some of his most unique and memorable poems and essays were composed. According to the Board's annual report in 1936, *Elfennau Barddoniaeth* was an attempt to 'explain simply something of the art of poetry – its craftmanship and elegance.'[61]

Parry-Williams was an enthusiastic member of the Board for a period of nearly forty years, and he played a part in a wide range of projects on its behalf, including working with the Institute of Bankers in the late 1930s on a proposed book dealing with using Welsh in business and banking. He chaired a sub-committee to this end which concluded 'that it considers the publication of a book on Commercial Welsh highly desirable'. It should include chapters on insurance, the law, and accountancy, as well as banking because 'useful material, in the form of letters, notices, descriptive accounts, is available as illustrations of the use that is being made of Welsh in dealing with subjects of this kind'.[62] This provides us with clear evidence of the pioneering work which members of the Board carried out in its early decades, not only to increase the use of Welsh within the academic sphere, but also to reflect and encourage its use in everyday life beyond the corridors of the University's colleges. The results of their efforts in this case was a book by S. Gwilly Davies, *Byd Busnes* ('The World of Commerce'), published in 1938.[63] In his review of the book for the *Llenor*, T. J. Morgan confirmed that it would be of use not only to those who sat banking examinations because 'topics which touch each one of us in our everyday life' were such an obvious feature within it.[64]

and it is doubtful in my view that a more superlative or more thorough handbook on any subject in any language could be found than the one offered by my friend.'[55]

The fact that some of the Press's most important authors in its early years, such as Griffith John Williams, played an important role in the birth and development of the Welsh National Party ('Plaid Genedlaethol Cymru') in 1924, two years after its Board first sat in London in 1922, was far from coincidental. One of the Party's first meetings was held, in fact, in the home of Williams and his wife Elizabeth, herself an influential figure, in Penarth.[56] The efforts of the Press Board to strengthen and expand learning through the medium of Welsh was part of the same new confidence in their Welshness which led his generation to establish the Party and to turn increasingly towards nationalism between the two world wars. However, it should be noted that not all of the Board's members were part of this new movement by any means, as was shown most clearly and controversially in the bitter contest between W. J. Gruffydd and Saunders Lewis over the University of Wales's parliamentary seat in 1943 (Lewis authored his own book for the Press a few years previously giving an outline of the development of Welsh literature).[57] Griffith John Williams went on to publish a pioneering biography of Iolo Morganwg in 1956, which helped to spark the reassessment of his colourful life and ideas which followed in the second half of the twentieth century.[58] He had previously published several other books for the Press, including a hefty and influential volume with Evan J. Jones on the grammar of medieval Welsh poetry, *Gramadegau'r Penceirddiaid*, in 1934, an edition of the Renaissance scholar Gruffydd Robert's Grammar which he researched at Biblioteca Ambrosina in Milan in 1939, and a book on the literary traditions of Glamorgan in 1948.[59]

T. H. Parry-Williams and the Press

T. H. Parry-Williams, one of his generation's greatest and most multifaceted talents whose political viewpoints were a little less obvious, joined the Press Board in 1933 during a period in which

Report of the Board of Celtic Studies Literary Committee is a Welsh book – a sign of progress which shows we are getting wiser'.[52] This book made a substantial contribution to standardising written Welsh and setting a pattern which was generally followed in the rest of the Press's publications during the twentieth century. The reviewer thanked the Board for providing such a feast for three shillings, and stated that in terms of its presentation and contents the book was 'everything which could be hoped for'. The Press went on over the next few decades to publish a range of other important books on Welsh grammar and linguistic features, including *Y Treigladau a'u Cystrawen*, T. J. Morgan's five hundred page masterwork in 1952, along with volumes on the characteristics of other Celtic languages, such as handbooks by Henry Lewis and Melville Richards on Middle Breton and Old Irish.[53] One of the Press's most important commitments, furthermore, was to publish the University of Wales Dictionary, a project which was established a year earlier in 1921, with the first volume appearing in 1950.

The Press received further praise in a review by G. J. Williams of Ifor Williams's 1930 edition of *Pedeir Keinc y Mabinogi* in January 1931. Griffith John Williams – himself an important author and academic, one of a dazzling group of former pupils from Tregaron County School, along with Ambrose Bebb, Cassie Davies and others, whose talents were developed under the stern guidance of the headmaster S. M. Powell – was convinced of its importance and its contribution to Welsh culture:

> The University of Wales Press has already proved its great worth to Welsh studies through publishing, along with many other books, superb and attractive handbooks by the University's Welsh teachers and scholars. Scholarship in the various aspects of the language had not ascended such heights previously as in recent years, and its voluminous output has found a home in the Press's various editions of old manuscripts and books with undoubtedly superb introductions and explanatory notes compiled by the most qualified authors to do so in the country and indeed the world.[54]

He claimed, furthermore, that the Press in its early years had not published 'anything better than this book by Ifor Williams,

Modernism was also included on the original list, a book which would have been of particular interest in a period during which the techniques and ideas of the movement began to appear in the literary works of Welsh authors such as T. H. Parry-Williams.

A review in the journal *Cymru* of the two-volume work by T. Gwynn Jones on Tudur Aled's poetry was characteristic of the praise which the Press Board received in its early years for the missionary nature of its work, which was seen as an important part of a more general national revival. Following the emergence of the Press, scholars such as Jones would no longer need to take the fruits of their research over the border for publication: 'The printing work is clean and careful, and the price of the two volumes surprisingly low, taking the nature of the work into account, and much lower than the price of similar books which come to mind related to Wales published recently by English presses. This book shows, in fact, that snobbery is now the only reason for an educated Welshman to take his work to be published in England, and we thank the author once again for his dogged stance on this matter.'[49] The review goes on to congratulate the author for giving such a vivid portrayal of the Tudor period as well as the work of one of the most important Welsh poets of that particular era, and concludes that 'the well-crafted and detailed scholarship of the book and the hard labour of its gifted author is an example to all of us who study the literature and history of our nation'.[50]

The Press's early publications were proof not only that Welsh scholars no longer necessarily had to publish the results of their research in England, but also that they could do so through the medium of Welsh rather than English. One of the most significant and influential books published by the Press in its early years in 1928, was *Orgraff yr Iaith Gymraeg* by a member of the Board, Sir John Morris-Jones.[51] An early review in a Welsh periodical notes that the book was partly the result of research conducted for a report of the Welsh Language Society Committee as far back as 1893. A University of Wales committee revisited this research in the 1920s, and the reviewer shows that an important change in attitudes separated the two periods: 'The Report of the Welsh Language Society Committee was published in English, but the

The Founding Years (1922–1953)

Modernity and the Press

Establishing the Press was one of a number of modern, important ventures in the Welsh publishing world in the inter-war period in which W. J. Gruffydd and the Board's other members played a central role. The pioneering literary journal *Y Llenor* was published for the first time under Gruffydd's editorship in the same year as the Press Board was formed. 1922 is considered a formative year in the development of European literary modernism more generally, with the publication of such key works as James Joyce's novel, *Ulysses*, in Paris and T. S. Eliot's poem, *The Waste Land*, in London.[46] The Board was lauded frequently on the review pages of *Y Llenor* and other more long-standing journals such as *Y Traethodydd*, for providing books of such high quality on the literature and history of Wales as its publishing programme grew and accelerated towards the end of the 1920s and early 1930s. The two decades between the world wars were a period of marked revival and activity in the world of Welsh books, with authors including some of the Press's leading names editing and analysing literary classics anew while pushing the language to new, modernist directions in both their creative and critical works. The urge to discuss subjects of all kinds through the medium of Welsh was reflected in the original list of books to be included in the 'Y Brifysgol a'r Werin' series drawn up by a sub-committee on behalf of the Board in 1927.[47]

This list included books on psychology, philosophy, economics, agriculture and science, and the ambition to publish books in these fields within the new series was fulfilled in the majority of cases, despite one or two failing to appear. Considering the wealth of books and articles which were published in Welsh on the exciting new field of psychology and psychoanalysis in particular around the same period, it is a particularly regrettable that Professor Idwal Jones from University College, Aberystwyth did not complete his proposed volume on the subject. The only proposed volume on the list by a female author, Gwenan Jones, also sadly failed to appear, as an entire book on education by a figure who had been so progressive and pioneering in this field between the wars would have been a valuable addition to the series.[48] A volume on boys (and our girls, for that matter) having to leave Wales for places that hold only the faintest hope of them coming under any kind of Welsh influence.[41]

The second book of this kind published in 1941, co-edited by Emrys Evans, who succeeded Ifor L. Evans as the Board's chairman in 1952, and R. T. Jenkins, was an anthology of poetry and prose on freedom. The preface to *Llais Rhyddid* ('The Voice of Freedom') notes that the Board did not restrict its selection to Welsh authors only, and it includes extracts from the works of Plato, Voltaire, John Stuart Mill, Henry David Thoreau and Henri Bergson alongside similar quotations on themes such as authority, responsibility and the nation by Iolo Morganwg, Emrys ap Iwan and Iorwerth C. Peate.[42] The third book in the series was published in 1943 on the theme of the year in Wales (*Y Flwyddyn yng Nghymru*). The preface explains that it had been prepared similarly to the two previous volumes with a view to being used in schools, as well as to entertain Welsh soldiers overseas, a reflection of the way in which the Board viewed its publications as an important part of the education of all Welsh people regardless of their age.[43]

Despite the economic and material restrictions enforced by war, such as paper shortages most obviously in a publishing context, the Board managed to continue its work between 1939 and 1945, though its members did not meet in person as frequently, an echo of the restrictions which followed the coronavirus pandemic in 2020. In addition to series such as the anthologies of a patriotic nature discussed above, the Press's usual publishing programme continued with volumes such as *Cyfreithiau Hywel Dda* ('The Laws of Hywel Dda') appearing in 1942.[44] The notorious racist Conservative politician Enoch Powell was one of the editors of this book along with Stephen J. Williams, the author of several important works for the Press such as *Elfennau Gramadeg Cymraeg*.[45] Powell was a gifted linguist and had been an academic before starting his political career in the Conservative Party, and he was confident enough in his abilities to conduct television interviews in Welsh after the Second World War, though he spoke a peculiar, antiquated version of the language.

stop as I would be struck by car sickness without exception, and it was always a relief to see a hotel somewhere on the horizon.'[39] Board meetings tended to be held either at the Raven Hotel or the Guildhall in Shrewsbury, and occasionally in London in the early years.

New Ventures

The 1930s and 1940s were generally a period of growth and excitement in the Welsh publishing world, with the brothers Aneirin and Alun Talfan Davies in Swansea starting the 'Llyfrau'r Dryw' (Wren Books) series, Gwasg Gee in Denbigh launching the similar 'Llyfrau Pawb' (Books for Everyone) series, and the gifted poet Prosser Rhys developing Gwasg Aberystwyth and the associated Welsh Book Club venture in Ceredigion.[40] Llyfrau'r Dryw published an eclectic series of short books and booklets initially, and the Welsh Book Club's similar aim was to offer a range of novels, travel books, history books and collections of essays by some of Wales's leading authors and academics, such as T. H. Parry-Williams, Elena Puw Morgan and D. Tecwyn Lloyd, to its members at a reasonable price. One of the most interesting ventures which Ifor L. Evans was responsible for launching during his chairmanship of the Board was part of the same wave of activity, namely a series of short, attractive and reasonably priced books published during the Second World War, partly to be read by Welsh soldiers overseas to boost their morale. The Board's aims were made clear in the preface to one of these books, *Hwnt ac Yma*, a literary anthology on themes related to Wales and the Welsh language. The aim of such publications, it argues, was not only defending such elements of Welsh identity from the threat posed by the enemy, but also from the danger of being overwhelmed by influences from over the border:

> It is a grave period for us as a nation. The number of people forced to escape from England into Wales increases every week. Very few of them know anything at all about Wales, let alone sympathise with its traditions or hopes. At the same time we see hundreds of our

on reviving the series following the Second World War: 'Started by two utterly inexperienced youthful enthusiasts, immediately after WWI, and supported, to the tune of £100, by a small group, consisting mainly of Swansea dockmen, this series was continued, under the original editors, first by the Educational Publishing Company and then by Hughes and Son'.[37] Lewis and Evans continued to work closely together on similar ventures as key members of the Press Board in the 1930s and 1940s as its publishing programme grew and developed. Along with the historian R. T. Jenkins, W. J. Gruffydd and T. H. Parry-Williams, the two friends ensured that the Press not only filled the most obvious gaps in the provision of classic literary works in Welsh, but also prepared pioneering new studies of that tradition as well as in other fields such as history, music and philosophy by innovative scholars such as Ifor Williams, G. J. Williams and R. I. Aaron.

Ifor L. Evans was a comparatively young man, aged a little over forty when he started in his role as chairman of the Board, and he went on to be an energetic figure in the development of the Press until his untimely death in 1952. T. H. Parry-Williams notes in his memories of his work for the Board how ambitious and successful his period at the helm proved to be:

> The new Chairman had his own particular ideas about the type of books which should be supported for publication. More books of a general kind, with a wider appeal, more books of a religious and devotional nature, more attention to music (especially "musical classics"); and he succeeded to a large extent in promoting his ideas and reaching his goals through his personal commitment and through co-operating with others[38]

T. H. Parry-Williams travelled from Aberystwyth to Board meetings in Shrewsbury with Ifor L. Evans and another member, E. A. Lewis, from his appointment in 1934 onwards, an experience which left an abiding impression on the poet and scholar: 'The three of us now travelled together in the Head's car, with his private chauffeur at the wheel. If he reached his destination – Shrewsbury, say – in record time, he was rewarded by his master; and the result of this wild driving would be myself longing for him to slow down or in Cardiff. This visit proved to be somewhat of a disappointment, however: 'It is very difficult to estimate the value of this festival, being the first of its kind to be held in Wales. I do not think we shall benefit by such exhibitions, as you cannot expect children of 9 to 15 years of age to be interested in your publications. The number of adults who attended was very disappointing'.[34] Ben Jones continued to travel the country promoting the Board's publications tirelessly until his resignation in 1936, when he began a new challenge working for Oxford University Press. Elwyn Gruffydd was appointed as his successor in November 1936 with an annual salary of £200 for a period of five years, as well as £100 to buy a (second-hand) car, and ten shillings a night for overnight stays in different towns.[35] The Press Board's publications reached all four corners of the globe in its early years as well as the bookshops which Ben Jones visited so diligently, as is shown by a note from one of its meetings in 1925 when a letter from the University of Tokyo was read out asking: 'for a grant of all the Board's publications to the British contribution in aid of a scheme for rehabilitating its Libraries destroyed in the great earthquake. It was resolved that this be done.'[36]

Ifor L. Evans and the growth of the Press

John Ballinger died in 1933, two years after Bishop Dr Gilbert Joyce, or 'Gilbert Monmouth' as he is referred to in the minutes, took over as chairman of the Press Board. Joyce held the role for eight years until he was succeeded by Ifor L. Evans, who joined the Board in 1934. Evans had been appointed Head of University College, Aberystwyth in the same year, and he proved to be generally more sympathetic with the aim of publishing more books in the Welsh language than his predecessors. He had gained previous experience of the publishing world as joint editor with his friend Henry Lewis of an important new venture of this kind following the First World War, 'Cyfres y Werin'. Fifteen translations of classic works from the European literary canon were published in this series during the 1920s, and in Evans's own words in a report to the Board upon the Welsh publications of the Board owing to the present small demand.'[30] He nevertheless succeeded in securing twenty new accounts in his first year. During this period he exhibited the Board's publications in one hundred and fifty schools, seventy libraries, and one hundred and sixty bookshops, as well as to a number of individuals. The Board's work had hitherto been largely invisible to the majority of readers in Wales, according to Jones, and he tried to encourage the members of the Board to consider extending its list:

> In the course of my itineraries, I have found that the existence of the Press Board is not generally known. If I may say so, I feel that some publications of a more popular character than the general run of the Board's publications would do much to remove this ignorance and serve to introduce the more strictly classical books. A book which would be on a popular topic while retaining the ideals of the Board is conceivable; probably the New Song Book is of such nature. In addition to the ultra-Classical order of the books, the price is in many cases a severe handicap to sales.[31]

By the summer of 1929, Ben Jones had represented the Board and given lectures on its publications at a range of exhibitions and national events, including the Eisteddfod held by the Urdd, a fledgling youth organisation ('a new and important national movement'), the National Union of Teachers's annual conference, the Women's Institute in Wales's annual conference, and the National Eisteddfod. He concluded that the most popular books at events of this kind were ones such as the historian R. T. Jenkins's on eighteenth century Wales, *Hanes Cymru yn y Ddeunawfed Ganrif*, part of the Board's new series, 'Y Brifysgol a'r Werin' or 'The University and the People/Folk', and he tried to persuade its members to publish more books of a general nature of this kind.[32] He felt confident in his report at the end of the year that he had visited every bookseller in Wales and consequently that awareness of the Board's work has been established firmly throughout the nation.[33]

During 1930 he visited exhibitions across the border in England, including the NUT's conference in Bournemouth, as well as the Welsh Books Festival, which was held for the first time that year methods'. Generally, the panel intended that the works listed above should evoke similar popular series in English in terms of their price and presentation, an aim which emerges throughout the period in question as the market for paperback books grew internationally in the 1930s, with the appearance of publishers such as Penguin in particular: 'it will be seen that the list aims at something on the lines of the Home University Library and ... series such as the World's Classics. The Committee feels that a scheme like the above would make Welsh an instrument of wide culture.'[27]

A member of the panel, Henry Lewis, had made his passion for publishing more academic works through the medium of Welsh clear in a powerful essay he wrote for the literary magazine, *Y Llenor*, in 1923, in which he referred to the Press's key role in this respect. He also alluded to the snobbery and sense of cultural inferiority which characterised aspects of the University's work in Wales up to that period, elements which can be detected in the minutes of the Press Board in the early years and in its correspondence with authors, which was conducted in English almost without exception. Lewis called on academics in Wales to withstand this sense of inferiority and commit to publishing their work in Welsh regardless of the nature of their research.[28] The Press Board's decision in 1928 to appoint a travelling agent in order to increase sales of books of this kind throughout Wales and beyond gave a definite boost to Henry Lewis's vision. Ben Jones started in his role as agent in August and was provided with a car to facilitate his work.[29]

The Press's Agent

In his first report for the Board the following February, Jones notes that he visited as many schools, colleges, libraries and booksellers as possible over the previous six months. He outlined clearly for the Board's members the nature of the challenge which he faced: 'As the scheme is a new venture, it is a case of pioneering, and progress is of necessity gradual. On the whole I have been received very kindly, but found that booksellers were afraid to venture popular novelist and a pioneering figure within the development of the University in Wales. Although the Press Board had no female members in its first fifty years, a number of books by female authors, such as the historian Nesta Evans, were published from its early years onwards.[23] The Press Board received a grant of £50 from the Board of Celtic Studies in1936, to publish her book on the social history of Anglesey in the eighteenth century which was based on her close study of the diaries of William Bulkeley, Brynddu. Her second book in the same field was published in the early 1950s. Kathleen Freeman's book also shows that the Board's publications were not confined to Welsh or Celtic Studies alone from the very beginning, although its emphasis was clearly on the need to increase the amount of modern publications in those fields. 1926, therefore, also saw the publication of a book on *Early Greek Elegy* by the gifted linguist from University College, Bangor, T. Hudson-Williams.[24]

A report written on the Board's behalf in 1924 by a panel of W. J. Gruffydd, Sir John Morris-Jones and Henry Lewis outlining the type of books in Welsh which should be prioritised for publication in its early years, played a key role in setting its work on firm foundations.[25] These books were grouped into four main categories by the panel. Firstly, books relating to Wales in the fields of history, geography, the history of Welsh literature, Welsh industries and place names. Secondly, books on more general topics, such as European history; the countries of Europe and other continents; government, 'Classical' questions, Biblical and Oriental religions; and handbooks on foreign literature, economics, art, music and architecture. The third category, literary books, was divided into four sub-sections: anthologies of Welsh poetry; anthologies of Welsh prose; medieval works, including mythology and folklore; and lastly, a general anthology of Welsh poetry and prose which would take *The Spirit of Man*, a hugely popular anthology compiled by the former Poet Laureate, Robert Bridges (1844–1930), as its model.[26] Welsh books for schools and colleges formed the final category of the four, including annotated editions of medieval texts, early poetry and works from the early modern period, alongside works of 'general science' on topics such as botany, agriculture and horticulture, and books on foreign languages using 'approved first half of the 1920s in general was a period of establishing and outlining the scope of the Board's work and of commissioning the volumes which began to emerge more regularly by the end of the decade. We learn from the Board's minutes in 1926, for example, that W. J. Gruffydd was commissioned to compile an anthology of Welsh poetry during that year which was eventually published in 1931.[16] It was decided in the same year that Gruffydd and Henry Lewis would also edit manuscripts 35 and 56 from the important Peniarth collection, a venture which was characteristic of the co-operation between the Board and the National Library of Wales in Aberystwyth in its early years to publish early Welsh texts of this kind.[17]

W. J. Gruffydd proved to be a particularly energetic member of the Press Board and author in the early years, and his scholarship was praised in the report on the manuscript for his book on the fourth branch of the Mabinogion, Math vab Mathonwy, written by Professor J. Lloyd-Jones: 'Not for a long time have I read anything so suggestive and stimulative, and the soundness of his argument and reasoning allays any surprise that one might feel at the striking conclusions he arrives at. Throughout one is impressed by the brilliant imagination and at the same time by the thoroughness of the writer, so that one ceases to wonder at the results of his inquiries into the sources of the various elements in the tale.'[18] This book was published in 1928, and was followed three years later by the first volume of the reviewer's own masterwork on early Welsh poetry, *Geirfa Barddoniaeth Gynnar Gymraeg*.[19] Lloyd-Jones had studied at the universities of Oxford and Freiburg before being appointed the first head of the Welsh Department at University College, Dublin, and publishing six further volumes of the *Geirfa Barddoniaeth Gynnar Gymraeg* before his death in 1956.[20]

Intriguingly, one of the very first books to be published by the Press in 1926 was a volume in the field of early Greek poetry, *The Work and Life of Solon*, by Kathleen Freeman, a Classics lecturer at University College, Cardiff.[21] According to the Board's annual report for that year, 'this work gives a complete account of the work and life of Solon, and estimates his contribution to the development of the Athenian community'.[22] Freeman was also a

Macmillan and Co. Although the Board noted its intention to encourage the printing of books within Wales, it also suggested that there was considerable room for improvement in terms of the standards of Welsh companies: 'To foster good work the Board should encourage the printing and binding of books by firms in Wales. Some firms may be willing to undertake the production of books as a special branch of business, and to organise accordingly. At present the best produced books for the Welsh market are not printed in Wales. The *Archaeologia Cambrensis* and the publications of the Honourable Society of Cymmrodorion are printed by Devizes firms.'[11] It was established from the beginning, furthermore, that at least some of the books published by the Press would be suitable for a wider audience of general readers, including school children, rather than academics and researchers only: 'Inquiry should be made with regard to the requirements for schools of all grades, and books for general circulation which may be held to come within the scope of the Board's operations.'[12]

Early books published by the Press

The first book under the Press Board's name was published in 1923, namely Thomas Roberts and Ifor Williams's edited collection of the medieval poems of Dafydd Nanmor.[13] The Board's second annual report later that year referred to their aim to publish further works of this kind: 'The publication of old Welsh texts hitherto unpublished, of reprints of some of the old Welsh classics which have become very rare, and the production of works containing the results of modern scholarship, offers a wide range of activity'.[14] Ifor Williams went on to make a huge contribution to the Board's publishing programme over the next forty years, compiling a series of important volumes and editions on a rich variety from amidst the classics of the Welsh bardic tradition, such as *Canu Llywarch Hen* (1935), *Canu Aneirin* (1938), and *Canu Taliesin* (1960). The poet and scholar T. Gwynn Jones was also commissioned in the Board's first year to prepare an edition of Tudur Aled's poetry, but it took a further four years for this book to be published in 1926.[15] The is still used today, on the four lions coat of arms from 1267 used by the Welsh Princes. The recommendations of University College Aberystwyth's Senate were also accepted at the second meeting of the Board which referred to the lack of suitable books for a number of subjects which were taught there, and the need for the Board to take responsibility for providing them. The notes from this meeting also provide a clear indication of how widely the Board hoped that its books would reach in the list of institutions they decided to invite to make suggestions in terms of its publishing programme. These included the University's various colleges, the County Schools Association, the National Eisteddfod and the Welsh Folk Song Society. A formal memorandum was drawn up in regard to the Board's powers and responsibilities following discussion at the first two meetings. The memorandum refers to the importance of distributing the Board's publications effectively, including appointing a London agent, Humphrey Milford, and securing the co-operation of booksellers in all the college towns within Wales. Securing the highest possible publishing standards was also a priority for the Board from the beginning:

> One of the chief aims of the Board should be to keep the standard of its books as high as possible in regard to printing, illustrations, binding and other accessories. The influence of a well-produced book is worthy of study. Hitherto the craftsmanship of books in Wales has suffered for want of attention to details of production. Yet Lady Guest's translation of The Mabinogion printed at Llandovery is a fine example of book production.[9]

It was also agreed that the manuscript for each book published under the Board's name would be assessed first by a suitable academic expert who would write a report for their attention, and that the tender for printing each volume would be offered to different companies, within Wales and over the border, in order to secure the most competitive costs.[10] This led to a number of printing companies publishing the Press's books in its early years, including Welsh publishers such as Hughes a'i Fab and Gomer, and also their English counterparts such as Clarendon Press and

and the philosopher Sir Henry Jones, and one woman, Emily Penrose, Principal of Somerville College, Oxford, formed the panel chaired by Lord Haldane, according to the poet and academic, T. H. Parry-Williams, who remembered Sir Henry visiting his department at Aberystwyth to get the opinions of his fellow staff members.[4] Following visits of this kind, the panel prepared a lengthy and detailed report which included a series of recommendations in regard to Celtic Studies, which were in Parry-Williams's view 'of unusual interest'. He referred in his essay on his forty year period as a member of the Press Board to the general suggestion in the report that more attention should be given to literature and literary history within the University's work, and less on linguistics and grammar only. One of its main recommendations was to establish a Board of Celtic Studies, and this was implemented swiftly, with the first meeting being held in 1919.[5] The University's Council formally decided to form the Press Board in a meeting held at Swansea in November 1921, and the Board's first meeting was held at the University's office on Russell Square in London on the 6th of January the following year.

Early Meetings of the Press Board

The first chairman of the Press Board was Sir John Ballinger, who was also the first librarian at the National Library of Wales, and the other members who came together in London were the Pro-Chancellor of the University of Wales Lord Kenyon, the Vice-Chancellor A. H. Trow, and the scholars J. H. Davies, W. J. Gruffydd, Sir John Morris-Jones and T. Franklin Sibly.[6] Jenkin James was the Board's first secretary, and he held this crucial role for a period of over twenty years. The publications which the Guild of Graduates had been responsible for previously were formally transferred to the Press Board at the first meeting, and the University Registry in Cathays Park was chosen as its publishing office.[7] During the next meeting in February, a sub-committee consisting of Lord Kenyon and Sir John Morris-Jones was formed to examine the question of designing a suitable pressmark.[8] John Morris-Jones based his design, which with several other important institutions such as the National Library and the National Museum, was part of a much wider national revival which began in the late Victorian period and the early years of the twentieth century. Furthermore, encouraging closer co-operation between these fledgling institutions to make the outcome of their work more widely available to the public was part of the recommendations which led to the establishment of the University Press. These recommendations were part of the Haldane Commission's Report which was published in 1918. One of the Report's conclusions was the following suggestion, which shows the twin aims which were at the heart of establishing the Press:

> We will conclude this Part (Part III) of our Report by recommending the establishment of a new element in Welsh University Organisation which would, we think, serve as a strong link between the University and the Welsh people, and would also give new opportunities and much-needed encouragement to students and researchers both within and without the University. We mean the establishment of a University Press…[3]

The Press was intended from its beginnings, therefore, to be a means of connecting the University with the wider public, and also a way to publish the outcomes of its staff's research in Welsh and within the field of Celtic Studies in particular.

The report also refers to giving 'practical help to intellectual workers outside the University' as part of the Press's mission, and over the next two decades it went on to publish a variety of books which were widely used in classes organised both by the University's extra mural department and by the Workers Educational Association in Wales, as we shall see. The Haldane Report was the outcome of a royal commission set up in 1916 to examine the general condition of university education in Wales. The report recognised that the new university press would require substantial financial support for a long-term period to enable its publications, and it recommended that the University of Wales itself should provide this support. Seven leading men from the academic world, including Welshmen such as Sir O. M. Edwards for centuries hitherto. These works would be a key part of implementing the fourth main goal, namely providing resources of high standard to the University's colleges and external classes, as well as to schools. The last and perhaps most important of the motives which drove the establishment of the Press was to take academic publishing in Wales out of solely commercial hands and to standardise it in the process.

In the period between the formal establishment of the University of Wales in 1893 and the first meeting of the Press Board in 1922, a number of volumes were printed on behalf of its Guild of Graduates by Jarvis and Foster, a private publisher based in Bangor. Reprints of some of the most important works within the Welsh literary tradition were among these books, including two volumes of Morgan Llwyd's works (1899); *Yny lhyvyr hwnn* (1902), the first book to be published in Welsh in 1546; *Drych y Prif Oesoedd* (1902), a seminal work of Welsh history by Theophilus Evans; *Patrwm y Gwir Gristion* (1908); as well as early Welsh manuscripts from the Peniarth and Llanstephan collections.[1] Following the recommendations of the Haldane Commission in 1918, the newly established Board of Celtic Studies and the Press Board took over the Guild of Graduates's publishing responsibilities.

It should be noted that it was not only University of Wales Press who published academic works in Welsh between the world wars, as other publishers such as Hughes a'i Fab in Wrexham, Gwasg y Brython in Liverpool and Foyle's in London also released important works such as Saunders Lewis's *Williams Pantycelyn* and D. Miall Edwards's pioneering works in the fields of theology and religious philosophy.[2] However, the University of Wales Press was the only Welsh publisher which was established specifically to do so as part of its parent institution's wider national mission.

The Haldane Report and the Establishment of the Press

Before detailing some of the books which UWP published in its early years, the reasons how and why it was established in the early 1920s will be outlined. The establishment of the Press, along

The University of Wales Press: The Founding Years (1922–1953)

The University of Wales Press was established a century ago in 1922, partly in order to build a bridge between the University and the wider public in Wales. The aim of this book is to give an overview of the Press's early decades, from the years leading up to its establishment until the early 1950s, a period of a little over a quarter of a century during which its Board and its authors succeeded to a large extent in broadening the provision of academic and scholarly publications in Welsh, and also in bringing a number of Welsh literary and historical classics within reach of ordinary readers for the first time. The discussion below is largely based on records kept in the Press's own archive, including minutes of its Board meetings and annual reports, as they provide a clear and detailed portrayal of how its work developed between the two world wars in particular. The establishment of the Press and its early decades are an important chapter in Welsh cultural history during the first half of the twentieth century, and this book aims to uncover the nature and extent of its contribution.

Five main aims can be identified amidst the reasons for establishing the University of Wales Press. Firstly, to build a bridge between the University of Wales's colleges and the public. Secondly, to encourage the University's researchers and lecturers to publish their work and to provide a stage for them to do so, consequently increasing their confidence and developing their scholarship. Publishing significant literary and scholarly works in Welsh which had previously been largely unavailable was the third aim, such as various medieval manuscripts which had been in private hands

Foreword by the Vice-Chancellor

I am delighted to introduce this account of the early decades of University of Wales Press to commemorate the centenary of such a vital institution for our nation.

The Press was founded in 1922 by the University of Wales to create a high quality vehicle for critical research from and about Wales, that we now term Wales Studies, in our two national languages, Welsh and English. Prior to the establishment of the Press, this opportunity was not widely available to Welsh language researchers in particular.

The Press's founders created this national asset to serve Wales, and to disseminate research throughout the nation and across the world. Under the leadership of its present director, Natalie Williams, and with support from the University of Wales Trinity Saint David, the Press continues to deliver on its founding principles today.

I am grateful to Dr Llion Wigley, Senior Commissioning Editor at the Press, for his painstaking research in the archives to capture this record of the the founding years, and of the political and educational factors that contributed to its early development.

I would like to thank and congratulate current and former colleagues, authors and all who have contributed to the globally respected academic press that we see today. As we mark the centenary year, acknowledging the impact that the Press has made on Wales and Welsh research in its first one hundred years, we look forward with great anticipation to what can be achieved over the next century and beyond.

Professor Medwin Hughes, DL
Vice-Chancellor of the University of Wales Trinity Saint David

For Mum, Esyllt and Gwenllian, and in loving memory of Christine Fieodorczuk (1960–2021)

© Llion Wigley, 2022

All rights reserved. No part of this book may be reproduced in any material form (including photocopying or storing it in any medium by electronic means and whether or not transiently or incidentally to some other use of this publication) without the written permission of the copyright owner except in accordance with the provisions of the Copyright, Designs and Patents Act 1988. Applications for the copyright owner's written permission to reproduce any part of this publication should be addressed to the University of Wales Press, University Registry, King Edward VII Avenue, Cardiff CF10 3NS

www.uwp.co.uk

A catalogue record for this book is available from the British Library.

ISBN   978-1-83772-017-0
e-ISBN 978-1-83772-018-7

The right of Llion Wigley to be identified as author of this work has been asserted in accordance with sections 77 and 79 of the Copyright, Designs and Patents Act 1988.

Typeset by Eira Fenn Gaunt, Pentyrch, Wales
Printed by CPI Antony Rowe, Melksham, United Kingdom

The University of Wales Press
The Founding Years (1922–1953)

Llion Wigley

University of Wales Press
2022

The University of Wales Press